U0896001

武汉文库·日译文献辑

武漢文庫

武汉巷史

(日)内田佐和吉/著 武德庆/译

WUHAN
PUBLISHING HOUSE
武汉出版社

(鄂)新登字 08 号
图书在版编目(CIP)数据
武汉巷史/(日)内田佐和吉著;武德庆译. —武汉:武汉出版社,2014.9
(武汉文库. 日译文献辑)
ISBN 978—7—5430—8462—9
Ⅰ. ①武… Ⅱ. ①内… ②武… Ⅲ. ①城市史—武汉市—民国
Ⅳ. ①K296.31
中国版本图书馆 CIP 数据核字(2014)第 182715 号

著　　者:(日)内田佐和吉
译　　者:武德庆
选题策划:彭小华
责任编辑:杨建文
装帧设计:刘福珊
出　版:武汉出版社
社　址:武汉市江汉区新华路 490 号　　邮　编:430015
电　话:(027)85606403　85600625
http://www.whcbs.com　　E—mail:zbs@whcbs.com
印　刷:武汉市首壹印务有限公司　　经　销:新华书店
开　本:787mm×1092mm　1/16
印　张:9.125　　字　数:170 千字
版　次:2014 年 9 月第 1 版　　2014 年 9 月第 1 次印刷
定　价:16.00 元

武汉巷史
Wuhan Xiangshi

武汉文库

目录

武汉巷史
Wuhan Xiangshi

武汉文库

目录

一、《武汉巷史》的版本及作者其人

我所译的版本为32开本，249页；于1944年5月10日，由当时的汉奸机构“中日文化协会武汉分会”委托日本人控制的汉口思明堂书店出版发行。书上面盖有“日本兵站”的书章，说明此书原本为“日本兵站”所藏。总体来说，此书印制比较粗糙，通篇没有图片和脚注。且铅字误植甚多，大概有几十处，有些误植已影响到对文意的理解。印刷如此粗糙大概与日本投降前的混乱时局有关。

作者内田佐和吉是日本长崎人。1918年1月17日，作为日日新闻社记者来汉口从事文化活动。1937年任日本日日新闻社编辑长，1938年任《大陆新报》武汉分社营业部长，1939年3月6日，《大楚报》(后为汪伪汉口市政府报纸)创刊，担任该报的顾问，代表驻汉口的日军控制该报。1941年3月5日，在汉口日本军部和日本驻华总领事馆的策动下成立“中日文化协会”武汉分会，内田担任该会理事和出版组副主任，负责出版宣传品，配合当时的日本侵华战争。在当时出版的《武汉中日文化周刊》、《文化动向》、《武汉文化》、《武汉中日文化》(日文版)等，都与内田有关。1943年，内田加入“汉口兴亚报国会”并任事务局局长。1945年8月，日本投降后，内田被遣送回国。内田在汉口工作生活了27年，是专攻武汉的中国通，在当时的武汉新闻界是个有影响的人物，内田写有七八部日文版的著作[①]，几乎都与武汉有关。可以说，他是日本著名的研究武汉的“专业户”。

二、作者的著述立场及本书的价值

由于《巷史》所面向的读者是在汉的日本侨民、日本军人及

①内田主要著作：《武汉巷史》、《新武汉风物志》、《续新武汉风物志》、《武汉先觉者列传》、《武汉传说集》、《从汉口到重庆》、《趣味汉口》。

准备进入武汉的各色日本人，所以在谋篇布局及内容的取舍上都符合当时日本侵华这一背景和需求。下文拟从日语原文显在、潜在的表述以及作者的知识结构等方面来谈作者的著书立场。

1.作者的著述立场及影响

从显在的方面来看：由于作者是站在日本军国主义的反动立场上，在原文里通篇毫无顾忌地使用“支那”、“皇军”等词语，“支那”一词是当时日本对中国广泛使用的蔑称，较之其他日本踏查资料，此书使用“支那”的频率特别高，且毫不隐讳其对华的反动情绪。对农民起义军李自成、张献忠、左良玉等都称一律称之为“匪”或“贼匪”，对英国等与日本不合作的国家也进行了辛辣的讽刺，特别是对在武汉活动的中国共产党及在共产党领导下的进步民众更是恨之入骨，不光使用大量的诬蔑语言，甚至还捏造“共产党煽动妇女裸体游行”等内容，这些都请读者在阅读中鉴别。

从作者的知识结构来看：较擅长日本侨民史，具体说就是日本涉入武汉的侨民史，内田的另一本书《武汉先觉者列传》讲述了一千三百多年前日本人踏查武汉的历史，这在其他日本踏查武汉的著作里是很难见到的。再就是武汉的风物及街道的变迁，这其中包括武汉花街史。此外就是与作者业务相关的武汉新闻史。作者文笔流畅，有很好的文学素养，从古典文学的专业角度来看，他写的《古俳丛谈》也具有一定的学术水平。或许正因为作者的记者出身及巧妙的文笔，可在不知不觉之中将潜含在字里行间中的著书目的、立场、观点灌输给读者。如果我们转换一下角色，站在日本读者的角度从宏观上来看这本书就会很清楚地发现作者的用意，具体说大致可用三句话来概括：一是日本先民不畏艰难，开拓了武汉留下了基业，后来者应效仿前辈继往开来；二是在前句基础上对来到武汉的日本开拓者（侵略者）从时空上提供了武汉街市的地图，详述了武汉街市的变迁及面貌。最后一句话是多角度地描述了武汉女子的风情。

在上世纪三四十年代，日本的资讯不会很发达，日本国民的信息源主要来自于书本，可以想象得到内田的《巷史》对狂热般的想到中国发展的日本青年会引起多么大的冲动。战前日本军国主义分子鼓动日本青年侵华除抽象的"尊皇兴亚"、"东亚共荣"、"显忠殉国"等精神教条外，具体的实惠不外乎是着力宣传中国的物产和女人。内田所写的所有的书或显或潜、或明或暗无不表达了这一主题，从文化上对当时日本侵华起着推波助澜的作用。当然，我们可以从史料的角度来看《巷史》中的诸如武汉花街史等内容，但从历史事实来看，当时内田的《巷史》这本书不是作为学术著作而发行，其读者层相当一部分是日本军人，这仿佛就像将美术学院的一幅裸女画提供给淫棍去鉴赏的情况是一样的。作为佐证可看一下与《巷史》出书时间大致相当的《武汉兵站》[①]，如果将内田所写的"武汉花街史"作为上篇的话，那么邻近汉口花楼街的日本武汉兵站在汉口积庆里、六合里等地所设的"汉口慰安所"就是用罪恶的行动书写了"汉口花街史"的下篇。

2.《巷史》的史料价值

在近代史研究上陈寅恪先生概括王国维先生的"两重证据法"：其一取异族之故书，与吾国之旧籍互相补正；其二取外来之观念，与固有之材料互相印证。从整体来看，《巷史》具有这样的史料作用。如上所述，日本踏查武汉最早可追溯到日本遣唐使时代，当时日本留学生（留学僧）习惯于从长江口溯江而上，在汉口集家嘴坐船沿汉江进陕。武汉作为古代重镇留在日本史料里，其后对汉口进行大量的系统的踏查还是在日本明治维新以后。晚清以来日本踏查武汉及华中地区主要可归纳为三个系统：一是日本领事馆系统，所留下的代表作是领事馆领事水野幸吉所写的《中国中部事情：汉口》。二是包括汉口"乐

---

①『支那派遣軍慰安係長の手記：武漢兵站』. 山田清吉. 株式会社図書出版社. 1992 年 4 月。（在此书的 70 ～ 76 页、123 页、130 页等都记述了汉口慰安所的情况。）

善堂"在内的日本谍报机关及东亚同文书院系统，其踏查的代表作是根津一所主编的《支那省别全志·湖北卷》等。再就是日本的新闻机关、民间机构所派遣的记者、观察员等。在驻汉的日本新闻记者里，内田佐和吉所踏查成果最多，他的《巷史》等书与日本领事馆及日本谍报机关的踏查资料互为补充，成为日本研究武汉和湖北地区的重要史料。

作为历史资料第一要素就是真实性，如果一部史料不能真实、客观地反映当时的历史状况，这部史料就失去了它的价值。如上述在《巷史》里有大量的诬蔑语言，甚至还有一些捏造成分，但这些情绪化的东西基本上都集中在对农民起义军和共产党的泄愤上。通过内田所写的其他的有关武汉的书来印证，他在汉口日本侨民史方面掌握丰富的资料，正如他在《巷史》中所言："他所保存的日本侨民史资料一旦散失，将永久失去记载。"另外由于内田的记者职业特点，他有别于日本东京的一些书斋学者，属于"用脚"写文章的那种类型，他的汉口街道变迁及汉口花街史应该说是以外来者眼光长期对此进行实地考察和体验的结果。此外，在武汉新闻史方面，所讲的就是他业内的事情，应有一定的可靠性。

3.《巷史》的信息价值

《巷史》一书散在着很多有价值的信息和引发思考的记述，篇幅所限，略归纳几点。

1)武汉的地方风土

书中存在这样一些零散记述："溯江而上来到汉口的日本人大多下定决心，做好了要生病的准备……"、"同仁医院很早就开始了对汉口地方风土病的研究……"、"1918 年早春的脑脊髓膜炎……"；此外，内田在其他的著述里以很多篇幅提到了"长江水质"、"蔬菜虫卵"、"消化系统霍乱……"等[1]，内田所说的脑脊髓膜炎、消化系统霍乱、因水质引起的阿米巴痢疾等几

[1]『続新武漢風物志』.内田佐和吉.株式会社図書出版社.1992 年 4 月.82～99 页。

乎都在汉口的日本人中间流行，对本地民众并不够成威胁。这种情况大致同1874年日本为吞并琉球出兵入侵台湾，而遭到台湾本土热病袭击的情况是一样的。可以说顽强地抗击外来物的武汉本土的细菌、微生物、病毒们对日本人进入武汉起到了很大阻碍作用。

2)矿产出口日本

在本书中提到"早在1900年三菱就在汉口设公司，将大冶矿石转运到日本八幡制铁所"、"1936年底，南京政府决定金属锑为专卖物资，由此成立了矿产委员会。……在此之前，日本商人能够不受阻碍地购进锡、锑等矿产"、"……这个矿产委员会对日本的企业产生重大影响"。看到了上面的文字之后，让我们再想一下南京大屠杀，南京大屠杀发生在1937年底，也就是说在南京大屠杀发生的前一年，日本商人还能够不受阻碍地购进中国锡、锑等矿产资源。我们无比痛恨在南京大屠杀中的"日本两少尉百人斩"，但我们想过了没有，日本是一个矿产资源极其贫乏的国家，日本两少尉的杀人屠刀如何造出来的、日本的枪炮子弹又是如何造出来的。通过上述史料来分析，不能不说当时侵华日军所造的杀人武器里含有中国的矿产成分！

3)武汉的战略地位

日本是食鱼大国，日本自古就有针刺活鱼保鲜技术。所谓"针刺活鱼保鲜"就是把针刺到鱼关键部位，令其麻痹如死。日本近现代对华战略与此同辙，也是集中力量打击中国的要害部位。我国的要害部位如水野幸吉所言："武汉乃长江之眼目，中国之中枢，制中国于死命之地。"这等于说中国虽大，只要刺到武汉这个关键部位，其体必亡。水野的这个言论在当时几乎已成为日本朝野对华战略的共识，内田之所以持续27年踏查武汉其因也盖出于此。在《巷史》里记录了近代以来70多位来过武汉的日本各界重要人物的名字。这其中有些为读者所熟知，如：日本政界的伊藤博文、清浦奎吾伯、近卫笃麿、加藤高明……军界的福岛安正、香椎浩平、板垣征四郎……还有为日

本政府和军方提供情报的高级间谍，如：大谷光瑞、宗方小太郎、根津一、荒尾精等。本书除记录很多间谍人名外，还记述了日本涉华间谍的老窝汉口"乐善堂"和汉口同文书院的一些情况，以上这些都从另一个角度说明了武汉战略地位的重要性。

三、对译文文字处理的几点说明

翻译家严复说："译事三难信达雅。"[①]严复的翻译标准大致说了三个层次：其中的"雅"相当于"审美"层次，因为本书不是日本诗歌和文学作品，为此涉及"雅"的层次不是很多。所谓"信"，从语义学的角度来看，"信"是寻求两种不同语言符号之间的同义或等值，也可以理解为显在的忠于原文。所谓的"达"就是挖掘原文中的潜含在字里行间的深层内涵，这个内涵，包含着历史背景、著者观点、行笔风格、写作态度、研究方法等多方面的潜在内容。严复非常重视"达"的标准，认为："顾信矣不达，虽译犹不译也。"本人对"达"倾注了一些力量，对书中的潜含着的意思进行了一些探索，并将这些探索之后的感觉融入到翻译之中。在此罗列出来说明一下。

在翻译过程中为了内容准确，译者核对了一些史料。后来觉得一些涉及日本人物、事件的史料可能会对读者了解书中内容有帮助，故选择了一些放在了脚注里。此外，为突出要点，还在一些篇幅过长章节里根据内容情节，设置了小标题，并相应地加入了一些图片。如前述，本书误植较多，但在翻译时除非常明显的误植外，其他均未改变原作错误，而通过脚注加以说明。

本书基本上是讲述民国期间的事情，为保留原作风格，在翻译时适当保留一些当时的诸如冶游郎、半玉、女郎、绅商、艺妓、资力、通人、净琉璃、菊花会、消寒会、官钱局、洋钱等一些通过上下文理或脚注可以理解的词汇。因为中日都使用汉字，对诸如杨家河、五彩房、大智坊、大通巷、夹街、诚忠街、三教街、兰

①(英)赫胥黎著，严复译《天演论》，北京：科学出版社，1971年3月，第9页。

陵路、阜昌街、一元路等地名、街道名等原词照搬不作考证和改变。对外国人名及地名，如：麦德龙·保罗、华连、麦德、约翰·阿齐博尔德、加恩·马蒂松等采取音译加注释的方式来表示。

最后有一点要补充，在原书第2页有这样一段话："我们在武汉这块犹如母亲般的大地上生活，由此促进了对武汉的了解，进而增加了对武汉的亲近感和爱意；以此为契机有了充分了解中国的机缘。"考虑到这段话容易误导读者，以为当时的日本人对武汉还很友好。为此，在译稿里作为不宜译的内容删掉了这段话，在此加以说明。

译者：武德庆

2010年10月14日

序

受平日私交甚厚的内田先生之邀，让我为武汉文化丛书第三辑《武汉巷史》作序。在感到荣誉的同时，面对先生的大作也甚觉惶恐。昨日下午，说定与余一周阅稿时间，自此时起，余甚有重担在肩，大事在胸之感。昨晚回到家里，饭后掌灯，从8点开始阅稿，此时余仿佛又回到了少年时光，如同坐在田舍的炉边听祖母讲起那遥远的故事，从书稿里娓娓道出中国武汉地区之事情，所述之事犹如魔片，接连不断地展现在眼前；不知不觉，终在电灯熄灯之前，读完此二百多页的大作。

余写的这些文字，很难为先生的大作作序，但余平生深为晦涩难懂之书所困，并深恶此类书籍在市面上泛滥流行。余偶遇如此流畅、有趣之书犹如望见沙漠之中的绿洲，在自己欣喜之余，觉得有义务告知同余一样在沙漠中跋涉，希望寻找绿洲的旅人。内田先生所著之书内容丰富，深刻揭示武汉地区之事情，然，阅读起来却如同吃茶水泡饭[1]般地麻利爽快；与此相对更显得那些无太多内涵、故弄玄虚、似乎不把读者难倒誓不罢休之类的书籍之粗浅。感悟于此，不得不说的是：在此畅快淋漓的阅读感的背后，包含着内田先生对支那[2]知识细致的咀嚼和体会，显现着长达几十年对中国问题研究之根底及像内田先生这样的作为我日本社会中坚人士之责任。唯有如此，才能有如此著述风格和书中所含的营养滋味。

从阅读本书得知：早在40多年前的1902年，我日本侨民在武汉地区拓荒的艰难，有位青年的妻子临产，由于得不到产婆帮助，只好自己为妻子接生。由此也让我联想起在十七八年

①在日本被称为“茶漬け”，是日本的一种饮食习惯，即：用茶水或较淡的汤汁所泡出的泡饭，在此比喻清淡、爽快。原书通篇都没有脚注，为便于读者阅读，所有脚注均为译者所加，以下不再说明。

②支那：过去日本以“汉”、“唐”、“明”等方式称呼中国，自明治维新，特别是在甲午战争后，“支那”一词在日本广泛使用，具有对中国蔑视之意。此后书中所出现的“支那”这一历史词汇，均用“中国”来代替。

前，我所生活过的爪哇[1]，在那里经营银行的日本管理者，不光管理银行，其下属去世，在没有僧侣的山野之地，常兼职为死者书写墓碑、诵经下葬。余深切感到：日本人之所以有今天在汉口的地位，日本之所以有今日这样的发展，可以说起始于上述的日本的海外开拓者的艰辛努力。

本书中的“武汉新闻史”部分，来自于著者长期的宝贵的作为新闻人所特有的经验和体会，窃以为此新闻史被誉为生动的武汉文化史亦不为过。早有所闻：来到汉口的我邦侨民，和睦相处，如同亲戚邻里一般，《武汉巷史》就是来自于这样一个亲切友好的氛围。可以想象：我邦侨民身着浴衣，相互无拘无束，轻松地谈论着武汉。这种轻松和睦的心态乃是我一亿国民之缩影，此心态乃是取得旷古未有之战争的胜利的出发点。余在此希望著者为了我们的[2]武汉，不断有佳著上梓。

佐藤一村

昭和[3]十九年三月十七日

---

①爪哇：指“爪哇岛”，属于印度尼西亚，是该国的第四大岛屿。

②日本的“同文同种”有很大欺骗性，此处的“我们”掩盖了日本侵华的现实。

③昭和：日本昭和天皇时代的年号。由大正改元而来。元年(1926年)十二月二十五日至六十四年(1989年)一月七日。后改元平成。昭和十九年：1919+25=1944年。

自序

我与中日文化协会武汉分会建立关系，至今已三年有余。在此期间，加入该会的出版组，参与其出版工作。时至今日，其出版工作的内容也多有变化，自1943年年末起，准备每隔2个月出版1册日文版的丛书，在此基础上准备再出1本大约200页左右的综合论述武汉的专辑。由于笔者才愚多忙，此计划一直进展不畅，直到最近日文版丛书第三辑才得以付梓。原本计划面向在汉的我邦人士集稿，在实际集稿过程中才得知，著述之事并非是轻而易举之事，在汉的我邦人士多忙于业务，即使是协会会员也不能按期完稿，为此，出版组的原定的计划只能拖延下来，最后为完成当初的出版计划只好自己亲自动笔以补之。

本辑所收录的文稿几乎都是在报刊、杂志上发表过的旧文，在原文的基础上改写、加笔补充而成。作为文化丛书其中有些内容有稍许偏离文化之憾，然，近来我邦人士多为关切武汉之沿革，希望能看到简洁精炼的有关此类的书籍，为此，本书以沿革为主，谈武汉街市的变迁。在中国方面有很多关于武汉沿革的文史记载，然而，至今尚未出版过日文版的此类书籍。为此，在武汉沿革这个方面，参考了汉阳县志、夏口县志、湖北通志、汉口丛谈、续汉口丛谈、京汉铁路案内、武汉指南等一些文史资料。有关汉口新闻史未有任何参考资料可以借鉴，几乎都是依据笔者见闻。这其中在开拓时代的一些事迹来自与赖川总领事的谈话记录，对此有些读者可能感到简略，因为是谈话记录，不能随便添加，只能采用原意。关于汉口的花街巷史基本没有可以参考的完整的中文资料，手头上只有一些散在的诗歌、随笔里的只言片语，为此，只能依据笔者考察而撰写。从眼下中日情势来看，在这本书里记录这些内容，似乎觉得有些不合时宜，但笔者相信，随着时间的延长，这些资料将成为武汉巷史的史料。鉴于此，笔者还是不忍舍弃，并有几分自信地收

录在此。

武汉巷史这个题目来自笔者的好友思明堂书店的堤良治君的建言，所谓"巷史"有倾向"民间的街市"的意思，虽然还是谈论历史，但从文笔的写法上和笔者本身的心情上来说都要轻松一些。虽说如此，并不意味着不尊重史料。若从中国人的眼光来看，既然是"巷史"其中有很多事情没有论及，尚有很多不完备之处，其实，本书所说的"巷史"还含有史话这层意思。本书所撰的内容，从当前时局来看，似乎无足轻重，加之，在武汉出版书籍成本昂贵，这些都请见谅为盼。

内田佐和吉

昭和十九年三月十日

第一章

武汉地形

如同位于金水入口处的城镇叫金口一样，在长江流域有很多叫什么口的地名。之所以称之谓汉口，也是由于此地是汉水的入口之故。汉水发源于陕西省的汉中地区，蜿蜒 2000 余华里到达汉口之地而汇入长江。此地以三镇而著名，三镇的地理位置是：挟汉水汉口与汉阳相对，隔长江武昌又与此两镇相望；武汉乃是此三镇的总称。武汉自古就以地利之便而著称于世，有八省之汇、九省通衢之说，如此称谓武汉，概基于长江水运网络便利而起因。

以位于长江中游的汉口为原点，下水经江西、安徽、江苏各省可达上海，上游越洞庭经湘江、沅江可到达广东、广西；如果沿长江主流上溯，经被称作世界胜景之地的三峡，就可进入四川、云南之地；经汉水[①]可达湖北省北部诸县进入陕西，进而可达新疆之地。位于汉口的与长江合流的汉水，其江面甚为狭窄，然，沿汉水上溯可呈如同长江一般的大河之观，在地理学上可将汉水入江口称之为颇为罕见的“窄出口河流”。

从陆地上来说：横贯汉口的京汉铁路，其北端起始于北京，由北京再向北经满洲国[②]可到达由我邦控制的朝鲜之地。南面经粤汉线可到达广东乃至九龙，经此可再通向国外。武汉实乃中国水陆交通中枢之地，九省通衢乃是过去未发达时代之认识，而今武汉雄踞中国 20 余省之中间位置，此地之繁盛之状也非古人能够想象。

道光年间（距今 120 年前），浙江乌程范锴[③]著有《汉口丛谈》一书，此书于昭和八年（1933 年），在武昌以“円本”书[④]的活字本再版问世。这本书记载：“汉口的地形犹如放倒的扫帚。”在嘉道年间（一百二三十年前）的汉口旧市，正街和堤街狭长，从杨家河以下到五彩房之北才可见河。由大通巷以下开始有内街，从陛

---

① 原文为“湖水”，估计是铅字误植。

② 满洲国是 1931 年“九一八事变”后，日本侵略者利用前清废帝溥仪在东北建立的傀儡政权。

③ 范锴，字声山，号白舫，又号苕溪渔隐。清乾、道时浙江乌程（今吴兴县）南浔镇人。范锴是例贡出身，但他志趣淡泊隐逸，而寓意盐策。往来于楚、蜀之间达三十年之久。

④ “円本”书：1926 年，日本“改造社”率先面对日本国民推出旨在提高民族素养的廉价书籍，每册大约 1 円（1 日圆），其后，1927 年岩波文库效仿于此，推出『読書子に寄す』系列，估计《汉口丛谈》就是其计划出版的书籍之一。原文只提到「読書子」，其他未作介绍。

生巷起分为夹街，一直延伸到集稼嘴。其后在夹街中又产生夹街。

各堤街大致由上关延伸到大智坊，由东向北，沿外江曲折而下至下关止而形成完整扫帚之状，其间，面积辽阔、人口稠密。堤街之外有玉带桥，将此地俗称为堤外。在当时，此地荒沙一片，而今居民云集，俨然成为热闹街市。故此，其街道形状较之今日，虽略有差别，但“放倒的扫帚之形”依然如故，未有大的变化。与过去相比，只是街道区域稍许变大，京汉铁路的铺设使“放倒的扫帚之形”愈加明显。由汉水边到江汉路之间是其本体，由特三区到日本租界之间，就是扫帚柄的位置。现今在街市上出售的汉口市地图已标明了汉口后街的发展情况，由京汉铁路起始向后，大多是一片黄色，这种状况与其说是“放倒的扫帚”，倒不如说是“伊势虾”①的形状更为恰当。

伊势虾

旧汉口街市的中心，即：作为汉口街市最早的街名的堤街实际上在现今的袁公堤一带，也就是由三民路宪兵分遣所往前沿中国街②往里走的长堤街一带，将位于长堤街的堤口称之为正街，其因由也来源于此。现今仍可见高高隆起的堤坝痕迹。这个堤坝是明崇祯八年时，汉口通判袁焻主持修筑，其后居民渐集于此，遂成繁华街市。有关此事在汉口旧志里做如下记载：“每年夏秋之时水淼浩荡，四面浸水；惟有依赖袁公堤才得以保全，此堤其功甚伟，若不筑此堤盖无汉口之街市。”汉口市诞生与堤街关系甚密，一般我邦人士对往昔的汉口湖堤之事都不太了解。

---

① 伊势虾：伊势是日本的古地名，在现今的三重县，“伊势虾”就是伊势地方所产的虾，见图片。

② 中国街：原文是“支那街”泛指外国租界以外的中国街道。

第二章

武汉的气候

我邦人士未到汉口，大致在上海要出发前，就会听到“汉口可是酷暑难耐之地呀”这样的提醒。为此溯江而上的日本人大多下定决心，做好了要生病的准备，其实，大可不必如此惊慌，汉口的天气没有炎热到如此程度。曾在汉口任日本领事馆总领事的三浦义秋于 1937 年事变后不久，在广播里演讲，作为调解气氛的开场白，夸张性地谈到了武汉的天气：“汉口夏天炎热异常，通常麻雀不敢出来，如贸然暴露在屋顶的瓦上，马上会烤熟；掉在地下后，猫也不能马上吃，如迫不及待进食，猫的舌头也会烫坏……。”其实这也是对汉口天气的形容之词，实际上不可能发生麻雀被烤熟掉下来的事情。不过，偶尔有麻雀站在屋顶的铁皮做的导水管上，由于脚底受热而移位时，不小心掉进导水管，随之流出来的情况。笔者曾多年住在汉口，根据常住汉口的体验，汉口的夏天比日本内地可能还要好一些。为此，从上海来武汉之前，完全没有必要做出决心生病的悲壮准备。

汉口在地理上位于北纬 30°27′到 30°41′之间，东经 114°6′到 114°21′之间。海拔高度为 96—97 尺。海岸线沿长江上溯到武汉大约 600 哩[①]。此外，武汉江湖交错、地势低湿；阴天最多，晴天次之，雨天再次之。故此，降雨天数大约占一年的 1/4，终日降雨的天气在一年之中有 40 天左右；年降雨量在 2000 毫米以上。气压以 2 月份为最高，7 月份最低，但其气压变化不太剧烈。所谓大风多为北风或西北风，每季二到三次。年中的暴风在四五次左右，在 4—8 月份，多为东南风。

最为关注的是炎热问题，夏季最高温度可达 40 度，最冷的天气为摄氏零下 4～5度。即：年中的温差在 44～45 度内外。据在汉口居住三四十年的老住户说：“从前汉口很热，现今要比以前凉爽。”此言不一定可靠，1929 年的冬天，出现气温降到零下 13.8 度的例外情况；翌年的 1930 年夏天又出现 42.2 度的异常情况。如果出现 42 度的炎热，在室内无论桌椅还是床板、榻榻米都远远高于人体的温度。在办公桌前，如果手接触到桌面，好像触到火炉边缘的感觉。大致说来：最冷的季节在 2 月份，最热的季节在 7—8 月初旬。据统计：2—6 月平均每月

① 1 哩＝1.609 公里，记号为 mile。

温度上升 7～8 度;6—7 月仅上升 2～3 度的样子。这个数据说明武汉天气热得很快,8、9 两月的温差同 6、7 月的温差相同,从 9 月开始直到第二年的 2 月,温度差的变化同温差上升的情况相同。

一般说来:寒冷的季节在 12 月到翌年的 3 月,炎热的季节在 5 月到 9 月。其他霜雪雾露气候也随天气变化而变化,3 月下旬至 11 月中旬温度稍高,为此多出现晴朗天气,且多露水,将此期称之为“露期”;11 月下旬到来年 3 月上旬温度稍低,如果天气晴朗,则会降霜,将此期称之为“霜期”;12 月到来年 2 月北风呼啸、天气寒冷,此间有 3～4 次降雪,将此期称之为“雪期”。雾似乎无处不在,然而,在武汉有雾的天气大多在春季。

我国中央气象台在新加坡的东部地区设有分支机构,据此机构分析:汉口的夏天之所以炎热,其主要原因为白天和夜晚温差不大,平均温度偏高所致。

第三章

武昌的沿革

从前武昌被称为江夏，此与夏水注入长江有关，而夏水或夏口都是汉水的别名。在虞夏时代，武昌均属于荆州，周彝王时代归楚所辖。所谓虞也就是作为明君的尧舜时代，舜距今 3980 余年，夏距今 3930 余年，周距今 2990 年。在周代有位名叫熊渠的人起兵，在江汉地区博得众望，进而建立基业；其后，封其子熊红为鄂王，筑城邑于现今的武昌县。湖北省之所以简称为鄂，盖肇始于此。

时代及城邑如上所述，就地名而言：在春秋时，武昌被称作"夏汭"的地方，《左传》里对汉江有"汉水曲，而入江"的解释，其他史书将汉水之北谓之"汭"；这里所说的"夏"显然是指江北的"夏口"，即"汉口"。所谓"夏的地方"指的是汉阳，并不是指邑地，"邑"是指"鄂城"或"鄂渚"这块地方。其后，汉高帝六年，设江夏郡，辖 14 县及西陵；即：相当于现今云梦县北方一带的地方。古时，云梦置西陵、安陆两县，将此统称为"汉的江夏"，这都因为"郡"的辖制范围不断变化的缘故。在论述中国城市沿革时，因其所述的时代不同，而出现郡、州、路等辖制单位，在此，仅就"郡"再作说明。

"郡"为地方行政区划单位，在周代时"郡小而县大"，在县下置郡，这同现今日本的区划相一致。然而，在战国以后，出现相反的"县小而郡大"的情况。秦灭诸侯之后，天下统一，将国土区划为 36 郡，并以郡辖县。汉代以后，又有所改变，在"州"下设"郡"，"郡"的下面仍是"县"。在北齐时代，又将"郡"以等级区划之，即：从"上上郡"到"下下郡"共分为九等。隋代开皇三年，认为"州"与"郡"无太大差别，因而"废郡留州"，并确定以州辖县。然而，在其后的大业三年，又将州改郡，恢复旧态。唐因袭隋的旧制，将郡改州，仍以州辖县。原来的郡及郡太守之名被废止，以州及州的刺史代替之。郡的长官之名，秦代曰郡守、汉代以后曰太守。以上是作为行政区划的郡的变迁。请先对此变迁有个整体概念之后，再看后面的沿革。

汉阳的沿革有如前所述的情况，秦代在汉代之前，汉代的江夏郡在秦代被确定为一个大的行政区划单位，其名称谓"沙羡"，现今的嘉鱼、蒲圻都包括在"沙羡"之内。而"武昌郡"则起于汉代。在《三国志》里可见江夏、夏口这样的地名，夏口就是汉口，这时的夏口可能还管辖河南一部分。三国时，黄祖任江夏守设

"邑",建立"沙羡屯",并起名为夏口。夏口在江北(黄祖的领地在江北),在江南无夏口之称。三国时的吴王孙权,在沙羡县的基础上,设武昌郡,武昌之名起始于斯。

晋代武帝平吴,将武昌归属于"江州",将江夏隶属于"荆州"。即:武昌与江夏各分属于两地。当然,当时的武昌,不仅是现今的武昌城,还包括一个广大的区域;晋武帝距今大约有1750年。在南北朝时设"郢州",在其北面设"新州"(新州在后文还将提到),在沙阳设沙州,这个时代地名仍叫江夏郡。南北朝结束之后入隋,大业初年(距今1330年),废止了江夏郡,建鄂州,改汝南为江夏。此时的江夏不是政治上的郡,仅是地方上的名称而已。进入唐(1320年前),将郡改为州,设鄂州,其后一直延续到宋。进入宋(距今970年前)后,设荆湖北路,进入元代(距今670年前),改为鄂州路,其后又改为武昌路,且一直将武昌路延续到明初(570年前)。此后改为武昌府,在其下设江夏县。清朝统一中国后,延续明代的建制,仍设有江夏县、武昌府。综上所述,武昌设府城由来已久,有着悠久的历史,但在30年前,中华民国成立后废府置县,武昌为县级建制。然,湖北省政府的所在地仍在此地。民国十五年,北伐军进入湖北,其后平定了北方;民国十八年,成立了武汉市政委员会,建立了统一三镇的市政府,当然,汉口也在合并之中。其后,汉口又作为特别市的建制,与武昌分离,又恢复独立状态。事变后,日军①进入武汉城,成立了武汉特别市政府。这个特别市政府在行政上在武汉市政府之下,但再次作为省政府的所在地,行使着管理具有特别事态的城市的任务。

在此,想对"州"和"路"再做一些解说,似乎有些蛇足,但仍觉得有必要。州在中国古代为政治区划地,尧的时代,已将中国分为9州,舜的时代在此基础上又加3州,为12州。夏的时代再改为9州,周代之初将天下分为8畿,成王时又恢复9州。最近史学界考证,春秋战国时期,崇尚五行思想,依据当时的天文知识将天体九分,同时也将此用于地理的划分上,分配给各地的名称,仅限于称谓(表示土地面积之广),并不是具有实际意义的政治上的区划。所以,秦王嬴政统一天下后,设置郡县,而不设州。然而,因为存在着区分地理上的影响,在前汉时期,分别改变州名,武帝以后随着领土扩大,在南方增加了交趾(后称交州),在北方增加了朔方(后称并州),此外,在中央设置了司隶,汉代总共是13州。由于中央政府对各地新设郡县的管理感到困难,为此,设按察使之职,赴各州督察郡守、县令。在武帝时,中央根据需要向各州派官,也就是说,那时的官员并非常任,在后汉时期,在13州开始常设起始于武帝时的刺史官职,此时的刺史虽为官吏,其地位还比较低下,直到绥和元年起,官吏的地位才开始提高,并将刺史改为"牧"。在光武帝时代,又改为牧或刺史,巩固在各州的常设办公机构,并进一步提高在其任职的官吏地位。后汉时,州已作为一个固定行政区划稳固下来,并监督主管

① 原文是"皇军",后文均以"日军"代替。

民事的郡。但其后不久，州又渐次被郡所代替，此乃州所在的地理位置经常移动、不能稳固所致。在《周礼》中所见的管理武汉地区的州是统领河南及湖北北部的豫州。

后汉灭亡后，魏统一了中国的北部地区，设置了12州，在其下又设68郡国。蜀国统领2州22郡，吴国统领5州43郡。西晋武帝灭吴国时，天下共有19州。在其后，又细分为22州，宋据23州。梁中大同年间，增加州的建制，并设107县。陈虽然偏居江南之地，却也设置了42州和109郡。在北朝，后魏设置110州和519郡，东魏设97州、160郡。隋文帝平陈之后，中国共有州211地、郡508地。继之，西晋灭亡后，出现五胡纷争的局面，北方的汉人逃到南方后，随意在各处设置侨县、侨郡，而设置的侨县、侨郡又不想接受既有的郡县的辖制，为此，此时的州县建制极其混乱，为了整理现有的郡县，不可避免地又产生新的州县，为此，加深了混乱程度。对此状，史书有所记载："东晋世乱，汝南民流寓于夏口，在此建侨地，置汝南郡，并辖涂口，其涂口乃今日金口也。"另有文献记载："梁代时，鄂州两分，在北面置新州。"以上都说明了由于五胡之乱，对武汉地区行政设置上的影响。

在隋文帝开皇三年，废郡置州，将管理民事的刺史改为郡守，其后天下恢复太平，随之人口不断增加。隋炀帝时代，由于人口增多，州的规模过大，再度恢复郡，取消州的建制，设司隶、刺史巡查各地。在隋代的兴盛时期有190郡，在唐的武德年间，又将郡改州，其任职的官吏也由郡太守改为刺史。到贞观年间，唐太宗又将州县合并，在此基础上设立了10道，开元二十一年，唐玄宗又增加到15道。一直位居郡之上的州，不知何时，同郡等同起来，为此，重新确立与过去的规模很大的州相比的概念。

天宝初年，又改州置郡，同时也将刺史改为太守。到了宋代，将唐时的"道"改为"路"。将武昌改为"荆湖北路"盖出于此。宋代将道改为路的同时，在郡之上设州或府。元、明期，州、府一直混用，经清代到民国，取消州府建制，统一改为县，县直属于省政府。汉口作为特别市由南京政府直辖。综上所述，武昌举其大端，在中国历史上历经郡、州、路、县各色建制，此外，肯定还有一些其他别的变迁，在此不赘述。

从地理上来看，武昌与汉口、汉阳鼎足而立，西依长江，城内靠山。南面有粤汉铁路，东面连接鄂城。在南边咸宁据险而立，咸宁原来有高高的城墙，并设有九个城门；在张之洞督鄂时，又增加一门，谓之"通湘门"。若登上武昌的蛇山，放眼望去可见鳞次栉比的屋脊瓦檐，高耸雄浑的城门等城景。北伐军攻进武汉后，认为：武昌城墙乃旧时代之遗物，有碍近代化城市之发展，所以应予以拆除。终于在1928年，拆除了城墙，其后，如今日所见，修起了大道，改变了市容。对于我等游子来说，那历经三千年的星霜岁月的武昌大城墙更能引发怀古之情，较之今日容貌，更让人感到慰藉。

第四章

汉口的沿革

记载汉口沿革的史料很多，现编译其要点。旧志将汉水称作夏水，夏江就是夏水入江之处。故，此地也曰夏口。《春秋左氏传》记载："昭公四年，吴伐楚，楚的沈尹射奔命于夏汭。昭公五年，射以繁阳[①]之师会于夏汭。"由此可知在当时的昭公年代，汉口就已经成为军事上的要地。但《左传》所记载之地，是否指今日之汉口，还尚有存疑之处。

齐永元三年（1380年前），萧衍在襄阳举兵之前，王茂、普景宗就已到达沔口，据汉阳旧志记载："所谓沔口就是沔水下游与汉水合流处，合流之后入江，故此，称汉口。"在萧齐以前称沔口。当时，东昏侯命张冲据守郢城、房僧守鲁写山（汉阳的大别山），关于如何取此两地，众议是合兵围郢为虚，分兵取武昌为实。萧衍曰："汉口其面积不足一里，乃一箭之地。房僧以重兵围守鲁写山，与郢城呈犄角之势，若贸然发兵武昌，房僧必然断我后路。莫如分遣诸将济红逼郢[②]，我亲自率兵围鲁山[③]，以通畅郢汉交通。由此，郑城、夷陵的粟米可用方舟不断运来，江陵、湘中之兵亦可相继到达。至此，我方兵多粮足，拔此两城，何难之有！"故此有："筑汉口城以守鲁山"之说，汉口由此而被人所知。

武汉之地早在唐代就已繁盛，在唐代的贾至《秋兴亭记》里记载："武汉仰大别山而眠，俯瞰沧浪之水，阅吴蜀楼船之殷，鉴荆衡数泽之大。"李白在赠韦太守的诗里说："万舫此中来，运帆过扬州。"由此，不难想象当时商业繁盛、名人商贾往来的情形。进入宋代以后，商业越发繁荣，与河南的朱仙、江西的景德、广东的佛山齐名，共称天下四大名镇。陆游（720年前的人）在《入蜀记》里说："贾船客舫，不可胜计；衔尾者数里，自京口以西皆不及。"在此文里又云："出汉阳门江滨堤上，居民市肆，数里不绝。其间复有巷陌，往来幢幢如织。盖四方商贾所集，而蜀人（四川人）为多……"

此外，与陆游同时代的文人范成大在《吴船录》里这样描写武汉："……泊鹦鹉洲前南市堤下，南市在城外，沿江数万家，廛闬甚盛，列肆如栉。酒垆楼栏尤壮

---

① 原文为"繁阳"，《左传》记载为："繁扬"。

② 济红逼郢：原文的"济红"为支援武昌之意。

③ 原书为"鲁山"地名未核。

丽，外郡未见其比。盖川、广、荆、襄、淮、浙贸迁之会，货物之至者无不售，且不问多少，一日可尽……”通过如此美文，完全可以想象欧洲大战前的繁荣景象。可以认为：以上陆游之文和范成大之文所叙述的景象分别记述了武昌和汉阳城外的往昔之状况。胡寅（780年前之人），在《南纪楼》[①]里对武汉也有记载：“平时十万户，鸳瓦百贾区。夜半车击毂，差鳞衔舳舻……”总之，都是一片繁荣景象。从湖北北部蜿蜒流过来的广漠汉水流域正是现今日军要进攻的地方。在地质学上将这一带，叫做“洞庭盆地的北涯”。在《汉口丛谈》里也谈道：“汉水以蜿蜒强劲之状入江。汉水曲折之状令人吃惊。”的确如此，汉水直到长江入口处，仍左右摇摆，为此，每当大洪水过后，汉水的入江口的位置都会有所改变。

在明代以前，曾以汉水入口而谓之的“汉口”之地，早已不是现今的汉口之地方。如果按此推想，明代以前的汉水上游的河道，究竟在何处？恐怕实在难于考证。不过，在一些方志里都存有“其河口在大别山以南的地方”。这样的记录。《汉阳县志》记载：“唐武德四年置汉阳郡，此郡枕鲁山而为城；因汉在阴，为此而曰阳。”《谷梁传》说：“水北曰阳”，汉阳之所以被称为汉阳，盖出于此。自唐代以来，汉阳一直位于大别山以南，汉水以北。即：汉水在今日汉阳的偏上流的地方入口长江。

据《堤防考》记载：“旧时的汉水从黄金口进入排河口，然后折向东北，环抱牯牛洲，至船公口；又由南转北，至郭茨口，对岸曰襄河口，约长四十里，然后，下汉口。成化（距今460年前）初年，在排河口以下、郭茨口[②]以上，直通一道，约长十里。汉水径从此下，而古道遂淤。”在《汉口丛谈》里也有叙述：“汉水原本东行，遇大别山之高地而转南入江。”古地名“黄金”乃是大别山的一部分，位于美娘山之下，十里湖西南。大别山南麓的龙阳湖、太子湖、郎官湖都是旧河道，过去的河床故道，逐渐都被淤塞，现今仅有少数位置能看到过去的面貌。今日之鹦鹉洲分为大洲和小洲，此乃汉水入口处不断改道之明证。

---

① 原文为“南记录诗”，估计是“南纪楼”之误。

② 原文为“郭师口”。

第五章

村落时代的汉口

往昔南市堤下之繁华，在很多史料里都有介绍，但那个时代的汉口并不是现今汉口这个地方。现今汉口这个地方在那时还没有居民，在现今的汉口市沿汉水往上走四五哩，从这个地方开始一直到沿长江方向的谌家矶乃至其下方张公堤一带，都是一片布满沼泽的寥落荒滩。据《夏口志》记载：从秦汉到明初，在丁赋志里很难见到一个人，夏口县上起涢口下至谌家矶尚未分治，直到最近才有记述。

就汉口产生的人物来说，不说今后，今后肯定有值得记述的人物；只谈往昔，以往能在东洋史上留下人物的名字，大致可追溯到明代的胡遵义、熊士章、江油然等人，当然，还要提到大忠臣熊廷弼，然而，熊廷弼并不出生在汉口，而是出生在汉口对面的武昌。

此外，汉口全邑几乎没有村落的名，所常见的地名都是〇〇墩[①]、或〇〇垸。所谓“墩”（墩台）就是稍高于地面的地方，墩的作用主要为了避免在低湿地带的夏秋季节的水患。之后渐次在墩上建起了房屋，如：王家的房屋、刘家的房屋，围绕这一些大户的房屋连带性地又出现一些住在简陋茅棚的佃农、佃户而形成一个部落，再其后，以〇〇屋为中心的部落被人们所知，出现附带姓的王家墩、刘家墩之类的称呼。世代繁衍，多年之后，变成固定的地名。

现今在汉口城里，到处都有混凝土的防空壕，这些防空壕以土掩盖进行伪装，汉口的本地人将土地挖开谓之“洞”，为此，此防空壕，被汉口本地人称之为“洞子”。“垸”和“圩”为同音，“圩”其意是人在堤防斜面上或上面居住。堤和圩有相同点和不同点，堤来自于“隄”取自人在防水堤上通行之意。笔者在数年前，曾撰写过《对中国中部地区因地势所形成的特殊地名文字的考察》一文，寄稿给中国内地一家专门杂志，有关汉口周边地名文字，非常有深入探讨的价值。此话有些离题，现归正传，范氏的《汉口丛谈》有这样的记载：“湖中远近，又有土阜布列数十处；乡人筑室，聚族而居，故诸墩皆以姓氏名之。”由此可知，当时夏口全境浸为泽国无疑。然而，自明成化初年起，襄河改道在现在的位置后，经 70 年时

---

① 原文是“暾”，估计是铅字误植，在此译为“墩”。

间，到嘉靖四年(距今450年前)，已有这样的记载："上岸始知有张天爵等人的房屋651间，下岸的徐文高等有房屋651间。"这可以看作是形成今日大汉口的最初部落。也就是说，汉口在400年前，只不过是一个小村落而已。明嘉靖以后，汉口作为商业城镇逐渐繁荣起来，大约再过百年，终于诞生了湖北省内的位居第一的商业都市。如读者所知，在明末李自成之乱的同时，贼匪张献忠、左良玉也借机起兵，并乱及到湖北一带。当时的汉口人魏晋封在其所著的《竹中记》里这样记载："左良玉弃樊城、襄阳，东下驻扎在武昌城外的金沙洲，当时其洲人受到荼毒与汉口相同。此两镇之富足为全楚之冠，然，不到数日，便荡然无存。"由此记录也可从一方面反映出汉口的繁华。张献忠[①]崇祯十六年攻陷武昌(距今297年前)，翌年改号，清军南下后败北。左良玉后来投降了清军，汉口也同张献中一样受到左良玉军队的蹂躏，整个城镇化为灰烬。

清代以后，从兵燹中渐次恢复，清初的查慎行留下了这样的咏汉口的写实诗句，稍微有点长，附录在此："巨镇水陆冲，弹丸压楚境。南行控巴蜀，西去连鄢郢。人言纷五方，商贾富兼并。纷纷隶名藩，一一旗号整。骈骈舻尾接，得得马蹄骋。傍傍人摩肩，蹙蹙豚缩颈。群鸡叫伊喔，巨犬力顽犷。鱼虾腥就岸，药料香过岭。黄蒲色官盐，青箬笼苦茗。东西水关因，上下楼阁迥。市声朝喧喧，烟色昼暝暝。一气十万家，焉能辨庐井。两江合流处，相峙足成鼎。舟车此辐辏，翻觉城郭冷。黄沙扑面来，却扇不可屏。稍喜汉江清，浣纱见人影。"[②]

此外，潘耒的诗，如下所咏："汉口通江水势斜，兵尘过后转繁华。朱甍十里山光掩，画艋千樯水道遮。北货南珍藏作窟，吴商蜀客到如家。笑余物外无营者，也泊空滩宿浪花。"[③]两江合流，三镇鼎立，为武汉带来了繁华。然，武昌、汉阳两城，虽舟车辐辏，但城郭略显清冷，不及汉口之繁盛。在清乾隆年间的《一统志》里，也对汉口有所记述："汉口巡司在汉阳县之北，旧在汉水南岸，后在北岸，据往来之要道。居民填溢其间，商贾辐辏，为楚中第一繁盛之处。"在此明记了湖北省第一繁华地的状况，现在的汉口在清代初年，毫无疑问，据全省商都之首。

① 原文为"康献忠"，估计铅字误植。

② 据《历代名人咏武汉》(杨代晔选注)校对译文。

③ 根据著者的日文汉译，已核原文。

第六章

向国际都市的汉口发展

前文已记述，自明末起，汉口就成为了繁华之地，汉口远胜于其他两镇，汉口尽管历经张献忠之乱，经历了清初到嘉庆道光二百多年时间里所发生的三次大火灾，仍旧繁华未退；汉口的胜景引起清代文人骚客的无限感慨。在典籍里，虽然留下很多咏汉口的诗文，但大多都是些消闲文字，现从《夏口县志》卷第十八艺文志中翻译几首，供参考：

雄镇曾闻夏口名，河山百战未全更。竟流汉水趋江水，夹岸吴城对楚城。十里帆樯依市立，万家灯火彻宵明。梁园思客偏多感，直北苍茫是帝京。[①]（《汉口》吴淇）

二月连江雨，江寒色未开。云低天欲堕，舟小雾将埋。沙岸惟栖鹭，春城不放梅。有怀空击楫，怅望济川才。（《雨中渡汉江》文师汲）

汉阳渡口兰为舟，汉阳城下多酒楼。当年不得尽一醉，别梦有时还重游。襟带可怜吞楚塞，风烟只好狎江鸥。月明更想曾行处，吹笛桥边木叶秋。（《忆夏口》罗隐）

游寨襄河一百年，平湖十里望茫然。白云有影常坠地，青草无依欲上天。春色任来鸠杖苦，怀酒欲休到杯前。今朝怀抱拟将开，斜阳融融到柳边。[②]（《汉口后湖》彭心锦）

彭心锦的"后湖诗"在后文里还要提到。此外，还有一首清人咏赞汉口繁华的诗：

孤征穷水驿，今到汉江头。泽国舟为市，人家竹起楼。烽烟消鄂渚，士女习巴讴。如信湖湘美，山衔万井稠。（《抵汉口》赵有成）

随着围绕汉口后方的张公堤的完成及江岸的增高，消除了往昔泽国舟市之景；诗中所描写的"人家竹楼"直到近年仍能看见。或许由于"士女习巴讴"和交通工具变迁的缘故吧，现今的女子已不再哼唱四川歌谣，而是爱国进行曲和露营之歌。回顾起来，在这九省通衢之地，商家一直谋求的是更大的利益，而满腹才华的文人墨客以汉口胜景繁华为题，吟咏"竹枝词"的时候，白人大举侵入中国，

① 根据著者的日文汉译，未核对原文。

② 根据著者的日文汉译，未核对原文。

并骚扰不断；而清廷困于太平天国之乱，对外侵没有作为，终于在咸丰八年，即1858年，签订英中《天津条约》。随着太平天国之乱结束，在长江沿岸开港了三座城市，在咸丰十一年一月二十六日，一声汽笛，英国火轮开进汉口。这个事件值得记住，从这一天起，汉口进入了国际都市。英国在汉口泊船之后，从事商业活动，其他列强国也依据《天津条约》的最惠国的待遇纷至沓来。继英人之后是法国、俄国，然后是美国。同治二年（1863年）夏天同丹麦结成条约，在秋天的八月又与荷兰订约；翌年（同治三年）秋同西班牙，同治四年九月同比利时签约。同治五年九月同意大利，同治八年七月同奥匈国，同治十年七月同我日本国签约。同治十一年二月允许由美国领事所辖的瑞士商务代办处驻汉口。同治十三年五月同秘鲁，光绪六年八月同巴西签约。光绪十三年十月同葡萄牙，光绪二十四年六月签订展拓香港界址专条。以英国为开端，在前后40年的时间里，依据条约来到汉口从事商业活动的国家多达17国。

1885年东乡平八郎率“天城舰”来汉口

第七章

汉阳的沿革

谈汉阳的沿革，要从隋炀帝的大业二年进行行政区划改革谈起，在此之前，尚无汉阳这个地名。隋代以前，今日的汉阳以其他各色名称称之。因与武昌有关系，所述内容或许有些重复。在唐、夏、商、周、秦、楚各代的2000余年间，汉阳这个地方不可能没有地名，但此时，汉民族在长江流域尚未发展起来，作为聚集地的都市相应地就很少。为此，汉阳在历史上没有留下令人瞩目的名字。汉高帝五年设江夏郡，现在的汉阳大约是安陆县的一部分。从此时起，一直到东汉世祖的建武元年，汉阳境内的东北部属于安陆，其西南部属于沙羡，即今日汉阳一地两属，由两地所辖。

其后，在汉昭烈帝时代的章武元年，改为石阳，昭烈帝在《三国志》有所记载；大约是刘玄德入蜀就帝位的事。到了晋代的武帝太康元年，将石阳改为曲阳。在此时将沙羡改为沙阳。在惠帝的永兴二年置滠阳，此后一直称呼为滠阳。在元帝的建武元年，取名为沌阳，在此期间一直属荆州江夏郡所辖。此后的时代为宋，再后的时代为齐，被称作沙阳、沙羡、滠阳、沌阳等名称。在宋时进而更为汝南，从陈到隋被叫做沌阳，隋炀帝开始时称汉津，如本文开头所述，在建业二年，始称汉阳。

隋之后为唐，唐几乎继承隋制，为此唐代也称汉阳，一直持续到现在。在此期间吏治多变，首置汉阳郡是在后唐天成二年。周显德五年为汉阳军[①]，首设汉阳府是在元代的至元十九年初。之后在隶属上有时归武昌府管辖，有时归湖广布政史管辖。在此之后，在不太长的时间内依然称府，但进入民国后，被废府置县。民国十六年成立武汉市，汉阳作为三镇中的一镇而存在。中日事变[②]后，武汉作为特别市，短时间脱离县政府管辖，直到今日仍然为县。汉阳县从繁华程度来说，比不上汉口、武昌；但汉阳历史悠久，在汉阳附近散在着很多饱经历史熏染的名胜古迹。

---

① 原文为“军”，估计是郡的误植。

② 中日事变：这是作者站在日本场上的提法，实际上就是日军发起的侵华战争。

第八章

日本人在武汉的创业时代

1942年4月，总领事濑川浅之进以其82岁的老躯单身来武汉，濑川翁是熟知武汉情况的老人，为此，笔者恳请老先生谈往昔的武汉之事，此意一出，先生爽快应允。下面的内容就是根据与先生的谈话的笔记整理而成，在下文叙述时，为写实，均采用第一人称。

第一节

北满事件[①]前日本人在武汉的情况

记得我初到汉口时，是明治三十一年(1898年)，那么，就从这一年开始讲起。那时来汉口的日本人只有四五家，这几家人并没有住在日本租界里，而是住在当时的中国街。说起租界，在当时只有英租界一家，俄租界、法租界还没有完善起来。在日本人所开设的店铺里，有一家叫肥东洋行，雇员橘三郎住在店里，这家洋行的店主叫绪方义藏。这天晚上，宝妻先生也在这里，他们一身打扮和中国人无异，头上也都梳着发辫。1898年时，大阪商船会社在中国街的马王庙，有两条商船在长江上运营，一艘叫大井川号，另一艘叫木曾川号。两艘船的船长都是英国人，当时还没有日本人当船长。大阪商船由一对夫妇经营，而经营东肥洋行的日本人还是独身者。

大阪商船的船主叫高坂，有四岁小孩儿，我曾去过船上，小孩儿们听说“领事”来了，都吓得大哭起来。一问细情才知：小孩儿们牙齿不好，刚刚被“疗治”过，其疗治过程肯定非常可怕，小孩儿们受足了苦。听“领事”[②]来了，以为又是来“疗治”牙齿，所以吓得大哭，这个笑话让我记忆很深。除大阪商船、东肥洋行外，还有一家东益洋行，初次听到“东益洋行”以为是一家很大的店，其实只有一位员工。此外，还有一家漆店，其主人叫福岛，也是一个人经营的店铺。此人将汉口的漆收购起来输出到日本。日本在汉口的商业情况大致如此。

① 即1900年夏天爆发的八国联军侵华战争。

② 在日语里“领事”和“療治”是同音。

后排右数第二为宗方小太郎①

当时，还有一家叫做“汉报”的支那新闻社。其社长是宗方小太郎②，在其手下有位叫冈幸七郎的记者在工作。以上就是在汉口的四家店和一家报社的全部日本人的情况。所谓的官办的领事馆，也只有领事和书记生、会计、警部这四个人在工作。

1900 年，三井、三菱在汉口设店。无论三井还是三菱可称得上是大商社，但当初三井的汉口店只有藤原银次郎一位工作人员。藤原同他妻子一起住在位于江汉路的店里，晚上就睡在货物上面。三菱的店里也只有长安秀彦一名职员，其工作任务是将大冶的矿石转运到日本的八幡制铁所，现今此人和藤原都在世。

那时在汉口有一位叫汤姆逊的医生，找他看病必须要用英语叙述病情，在汉口的日本人若有人生病，就医非常不便。恰好福岛安正大佐③来汉口，经福岛指

---

① 图片译者选自：田中正明著.《大亚细亚先觉传》.大阪：象山阁.昭和十七年(1942 年)九月。

② 宗方小太郎(见图片)：(1864—1923)是清末民初最著名的日本间谍，此人在甲午战争中冒死潜入威海卫军港侦察，并在暴露行踪后成功脱逃，立功甚伟，为此得到过天皇的破格接见。此人自幼喜读历史，1884 年中法战争时来上海学习中文，并打扮成中国人历游北方九省，加之刻苦攻读，成为日本著名的中国通。他协助另一著名间谍荒尾东方斋(荒尾精)在上海开办日清贸易研究所，培养间谍人才，学员多达 130 多名，分散到中国各地，在甲午之战及此后为日本发挥重要作用。

③ 福岛安正：(1852—1930)日本信州人，日本殖民机构关东都督府都督。陆军大将。有“日本情报战之父”之称。他是一个具有超前眼光的阴谋家、战略家。率先提出了“日本的防卫线在朝鲜半岛及中国大陆”；他曾几度潜入中国腹地侦察军事情报，为日本对清朝开战提供了详实的情报依据；一度任驻德武官。1892 年从柏林动身，独自骑马穿越西伯利亚、蒙古草原和中国东北地区，精通五国语言使他窃取他国情报游刃有余。1930 年病死于大连。

派，军医神保涛次郎大尉[1]调来汉口工作，军医来后，没有像样的居住地方，只能临时住在叫“台银”的地方，在那里有一家宾馆，宾馆名叫“麦德龙·保罗[2]”。这是一家很小的宾馆，不能长住，与麦德[3]商量准备建一个房子。当时，在法租界只有领事馆一栋建筑，军医临时租用了领事馆的一个房间作为诊疗室，房子建好后，就搬到那里，后来这个房子成为江藤医院。军医的每月工资 70 圆，由在汉口的日侨集资支付。

第二节 张香涛先生与日本人

从当时的中国政局来看，汉口有湖广总督张之洞、天津有李鸿章、南京有刘坤一、济南有袁世凯，这几位都可称得上是当时的大政治家。为此，无论是日本的政治家还是企业家，到中国来都想见到这几个人，似乎不见到这几个人，就好像没有来中国一样。如前所述，当时在汉口的日本人数量很少，为了见张之洞而来汉口的日本名人很多。如：清浦奎吾伯[4]、伊藤博文公[5]、大谷光瑞[6]、近卫笃麿

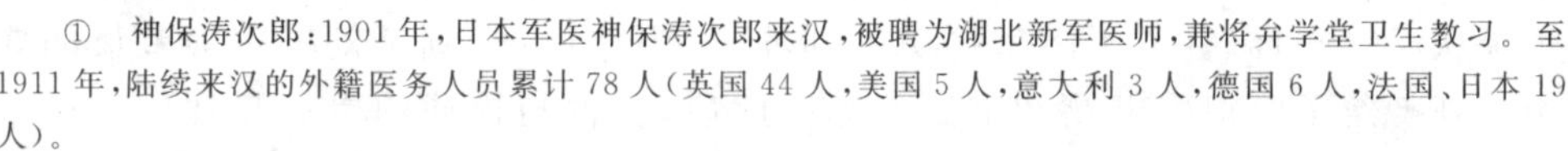

① 神保涛次郎：1901 年，日本军医神保涛次郎来汉，被聘为湖北新军医师，兼将弁学堂卫生教习。至 1911 年，陆续来汉的外籍医务人员累计 78 人(英国 44 人，美国 5 人，意大利 3 人，德国 6 人，法国、日本 19 人)。

② 麦德龙·保罗：根据日语“メトロポール”音译。

③ 麦德：根据日语“マーター”音译。

④ 清浦奎吾伯：日本政治家，日本第 23 任内阁总理大臣。历任司法官、贵族院议员、司法大臣、农商务大臣、枢密院议长等职务。1924 年出任日本首相，但由于其阁员均由贵族院议员出任，因而遭致护宪派人士的强烈批评，上任仅五个月便辞职，他出任首相的时代也正是大正民主风气最盛的时代。“伯”是其爵位。

⑤ 伊藤博文公：伊藤博文(1841—1909)日本长州(今山口县西北部)人。德川幕府末期长州藩士出身。赴普鲁士研究宪法，归国后致力于订定日本宪法。1885 年起四任日本首相。1888 年起三任枢密院议长，1889 年国会组成，又任贵族院议长。是中日甲午战争的主要策划者，战后任和谈全权代表，胁迫清政府签订《马关条约》，并一度任台湾事务总裁。日俄战争期间，以元老身份，指导战争。1906 年任特派大使，与朝鲜签订《日韩协约》，任第一任韩国统监，积极推行朝鲜殖民地化政策。1909 年 10 月 26 日在哈尔滨车站被朝鲜爱国者安重根刺死。“公”是其爵位。

⑥ 大谷光瑞：长期留住中国，在上海郊区兴建无忧园，设置电台，从事谍报活动。1902 年 8 月，沿丝绸之路南道进入和田，在库车一带、克孜尔千佛洞等地进行了 4 个月的考察。1908 年 6 月，从北京出发，穿越蒙古进入准噶尔盆地，调查吐鲁番周围遗迹。次年 2 月，在库车周围进行盗掘、调查。然后经阿克苏到达喀什历时 18 个月。其收获结集为《西域考古图谱》、《新西域记》等书。

公[①]、加藤高明子[②]、长冈护美子爵等这些大人物都来过汉口。在来汉口的日本名士里，最有特色的就是长冈子爵，那么，就谈长冈见张之洞先生的逸事。

长冈先生来汉口是在1901年，来后，住在汉口的日本领事馆里，陪同来的翻译叫冈野增次郎。长冈是细川侯的弟弟，贵族出身，不管什么事情都很随意。长冈与张之洞会面时，虽然身穿戴着金色徽章的大礼服，但举止行为仍不拘礼节，宴席上，菜肴掉到礼服的前襟上，也浑然不觉。张之洞坐在长冈的对面，看到此状，不禁哑然失笑。长冈子爵是华族的次男，有很深的汉学和英语修养，酒至半酣，做起应答诗；子爵无论诗还是字都属一流，笔墨拿来后，即席赋诗。然而，过于忘形，将毛笔放在亚麻的桌布上，弄得桌布点点墨痕。如此率直、豪放的态度，装也装不出来，常人学也学不到。诗如其人，也是豪放、大气之作。张之洞在旁看到子爵的诗和字，也非常佩服。

说起张之洞，乃中国翰林出身的一流学者，即翰林中的探花。中国文官考试，考取举人大约有一万人，进而考出300名进士，300名中只有50人能成为翰林，翰林的第一名为状元、第二名为榜眼、第三名为探花。张之洞也就是在万名学子中居第三名的一流人才。当时在座的还有辜鸿铭，此人是留学过英国爱丁堡大学的英文学者，他的夫人是日本人。这个宴会可以说是汉学、英学的人才聚集之处。因为领受了张总督的招待，子爵作为答礼在日本领事馆宴请张总督，张总督没来，派代表前来赴宴，代表人员有：张总督的贵公子、贵孙，军界人物张彪、黎少佐（民国之后的黎元洪），王德松、萧丁汾等人。

长冈子爵拜访张之洞，为营造日中两国亲善气氛起到了很好的作用，此后，中日两国间，也向融和的方向转化。此时，张之洞决定让其贵公子到日本留学。子爵从汉口归日途中，到南京拜访了刘坤一，当然，也受到了刘坤一等要员的尊重。刘赠给子爵很多书籍和书法作品。此后，我曾与松浦伯爵一起到位于东京桥场的子爵的宅邸观赏刘坤一的赠品。时至今日，子爵身穿大礼服，中国料理沾衣而不觉的形态依然历历在目。那种常人无法模仿的目空中国大政治家的无拘无束的贵族举止，满座皆惊。[③]

① 近卫笃麿公：（1863—1904），出生于京都。其家是"五摄政"家中的第一家。1885年到1890年在德国波恩大学和莱比锡大学留学。致力于所谓"东亚的振兴"，主持成立了东亚同文书院。1895年任学习院大学校长。1903年兼任枢密顾问官。"公"是其爵位。

② 加藤高明子：（1860年—1926年），为日本明治大正期间的外交家、政治家，第24任日本内阁总理大臣。加藤担任第二次大隈内阁外相期间参与对华提出"二十一条"。这届有强烈侵略性色彩的内阁引起中国国内的反日爱国运动。"子"是其爵位。

③ 作者站在日本立场美化日本贵族，实际现场情况如何无法考证。

第三节 唐才常事件

当时在武汉革命事件频发，我谈一下这方面的事。说起中国革命，首先想起孙逸仙革命，此外，还有其他一些革命。孙逸仙的革命目的是推翻满清，从满人手里把政权夺回来，回归到汉人手里。而起于康有为一派的革命，根据当时的权势的利弊，让掌权的西太后下台，拥护光绪帝建立起新政，这个政治改革最后在北京遭到失败；康有为、梁启超被判极刑，在日本人的帮助下，康有为跑到香港，梁启超则逃到日本，这是1890年的事情。继此之后的第二年，发生了唐才常在湖北起事革命的事件。唐出生在湖南，以“民族自决”为口号，在武穴起兵，进攻武昌。这一派在上海发行“富有票”，被世人叫做“票贼”。唐才常有两个小孩儿，其中一人叫唐莽，在辛亥革命时，跟随黄兴革命，估计至今还在世。

唐在武穴起事时，有一位陆军中尉，名叫甲斐靖的日本人随行。甲斐为同文书院的前身日清贸易研究所[①]出身。没有受过正规的陆军将校训练，估计他的军衔可能是少尉。但是，称他为甲斐中尉。唐认为，甲斐是中尉，所以作为参谋在军中任职。唐才常起事失败后，参与起事的人物悉数被抓，被解到武昌处刑。因为甲斐是日本人，所以我赶到武昌将他救了出来。张之洞发话：“甲斐虽是大逆之人，但由于是日本人，引渡给日本官厅处理。”由此，甲斐得以保命。我将甲斐保回来以后，没有关押，给与禁止三年来华的处分，让其回国。如此处理，张之洞对我极大不满。实际上，我当时也有苦衷，首先，武汉领事馆没有监狱，无法实行关押，另外，日本也没有适合处理甲斐的相关法律。还有，我将甲斐关在武汉领事馆内，法国的领事馆也有意见，他们担心将颠覆政府的大逆不道之徒放在租界里，会引发租界内的治安混乱；为此，我只能做以上处理。张之洞得知此情况后大为恼火，张认为：甲斐也应该和中国的其他罪犯一样受到极刑；现今，甲斐却被无罪释放回国，实在是荒谬之极。为此，电命驻日公使李世铎，将罪犯遣返中国，并和当时的外交大臣青木周藏谈判，希望得到合作。我本想当面向张总督作出解释，说出我的苦衷，由于张之洞极为气愤，对我拒而不见，我只能通过李世铎转达我的解释。

又经过三四个月，李世铎向张之洞作了详细的汇报。其解释的内容是：“日本人到外国，对外国皇室作出违法事情，在日本不能依法处理，因为还没有这样的法律。日本只有对危害本国皇室进行处理的法律。针对外国皇室的情况，儿

---

① 由荒尾精在上海创建的培养日本间谍的学校。

岛惟谦[①]未能执行津田三造[②]的死刑也基于此。"由此，张之洞有所理解，与日本领事馆和好如初。这就是1899年，唐才常的"民族自决独立"事件与日本的关联情况。

第四节 义和团事件及驱逐外国人令

1900年，爆发义和团事件，由这个事件发生后来的"北清事变"，也可称之为"拳匪之乱"。这次动乱开始于山东，其后扩大到天津、北京。这次事件由中国的排外党和攘夷党所引发。北京政府对此并不想镇压，端郡王虽然是执政的官员，但和义和团结为一体，发出在全中国驱除洋人的命令。外交团被困在北京城里，没有任何消息从北京向外传出，外面也不知道北京城里的外国人的情况。对日本而言只知道芝五郎中佐所率领的义勇兵被围困在交民巷。为此，组织联合军向交民巷前进，解救那里的外国人。日本派出了第五师团一个师团的兵力，俄国从西伯利亚出兵，英国从香港，法、德从本国派兵。联合军取天津之后，向北京进发；日本军队最先从朝阳门进入北京，解救出了困在北京城里的日本义勇兵。因为联合军进北京，西太后、光绪逃到太原避难，之后又蒙尘于西安。当时，由端方督陕，端方听从了端郡王的命令。听从端郡王的驱除外国人令的除陕西外，还有直隶(今日河北)和山西。端郡王的命令虽然来到湖北，然而，张之洞断然不服从命令。

在直隶、山西有很多外国人被杀，但在长江沿线，趁混乱之时，命令江汉关海关长汉德[③]等外国人全部离境。当时，小田切万寿之副领事在上海，我还在汉口，英国驻上海领事华连[④]已同其妻女回国；在汉口的日本女人只有我妻子一个人，我已接到日本外务省的命令，随时可以回国，驻重庆的日本人也已经撤到汉口。在汉口的大阪商船的大川号和木曾川号都处于随时可以起锚返航的状态，因为公使馆也要撤退，为此，此处成为了外国人的避难所。义和团的目的首先是烧毁

---

① 儿岛惟谦：(1837—1908)，明治时期的司法官，在大津三造事件时，作为大审院长坚守司法对政府的独立。

② 津田三造：是日本"大津事件"的主角。1891年俄国尼古拉皇太子前往海参崴出席西伯利亚铁道开工仪式时，顺路访问日本，5月11日，当尼古拉皇太子在"大津"访问时，警备津田三造忽然刺杀尼古拉，尼古拉仅受轻伤。津田随即遭到逮捕，但在处理时发生了分歧。首相松方正义等政府首脑强烈主张用大逆罪处决罪犯，以维护日本的外交威信。多数法官初步同意了内阁的要求。儿岛却认为津田的行为不符合大逆罪的构成必要条件，亲自赶往大津劝说法官一定要维护司法的独立。结果7名特别法官改变了原来的意见，大审院以谋杀未遂罪宣判津田无期徒刑。日本外相青木周藏、内务大臣西乡从道和法务相山田显义都为此辞职。

③ 汉德：根据原文"ハント"的音译。

④ 华连：根据原文"ワーレン"的音译。

教堂，然后是杀死宣教师，在各地与教堂有关的外国人都已先行回国。

在此动乱之时，张之洞的远见卓识毫无遗憾地发挥出来，如前所述，端郡王的驱逐令发往全国，直隶、山西执行此令，而张之洞、刘坤一、袁世凯这样的杰出人物，对此命令保持沉默态度。我已经做好了随时回国的准备，但还在观察动乱事态变化的情况。有一天，张总督派人到日本领事馆来，因为所涉及的事情比较重大，在张之洞身边的得力干将岑春明、郑孝胥也一同前来，岑春明就是颇为有名的岑春煊的弟弟，担任海关道台一职；郑孝胥在当时是卢汉铁路的总办，为何将京汉铁路叫做卢汉铁路，这因为，京汉铁路从北京开始铺设，受到反对，只能以卢沟桥为起点，为此，叫做卢汉铁路；郑孝胥先前在满洲国办理事务，在日本人中间有一定的知名度，那时，在湖北还没有外交交涉员这一工作职务，每逢重要的外交事务，就责成这两人办理。对我在口头上传达了这样一个意思："北京已下达了驱逐外国人的命令，张总督、刘坤一、袁世凯认为不合道理，决定不实行此令。请放心，保护外国人的生命财产安全是我们的责任。断然不会发生给你们造成困扰的事情。"也就是说，这些政治大员们，基于一定的道理，即使是清廷下达的命令也可以不遵奉。张之洞依据自己的道理，在武汉没有发生义和团动乱，平安地度过了这段时间。不过，在上海的外国宣教师等人都返回本国。这个事件的最终结果是：西太后蒙尘西安，外国联合军占领北京，事件的主谋者处死刑，像端郡王这样的皇族虽然没有处极刑，但也判罪发配到边疆。最后，外国联合军与清廷的议定书由小村侯执笔。张之洞由于不遵奉驱逐令而得到升迁，受到朝廷的重用。因为，唐才常事件和义和团事件，都是我在汉口期间所亲历过的，所以体验颇深。

第五节
岸田吟香与乐善堂

还要讲一件事，日本在汉口最早设立领事馆是明治十八年(1885 年)，领事馆设立之后的第二年，1886 年 3 月，荒尾[①]陆军中尉受岸田吟香[②]派遣来到汉口，经营岸田在汉口开办的书药店“乐善堂”。

汉口乐善堂负责人荒尾精[③]

岸田是一位非常了不起的人物，除在上海开办乐善堂之外，还在中国的其他地方开设其分店机构。汉口由荒尾负责，北京由宗方、井手经办，天津由小泽德

---

① 荒尾：荒尾精(1859—1896)是日本近代谍报史上的重要人物。他出身于日本名古屋的藩士之家。20 岁弃学从军，由东京外国语学校转入陆军教导团后，经日本陆军当局下令，将他调入参谋本部中国课，日后，在上海创建日清贸易研究所(间谍学校)，在中国工作期间，得到日本商人岸田吟香的大力支持。1896 年被调往当时的日本殖民地台湾，在该地染鼠疫死亡。

② 岸田吟香：(1833—1905)是日本第一代成功的企业家，声望甚至与启蒙思想家福泽谕吉并称。17 岁开始学习汉文典籍。1866 年抵上海，结识一批中国画家与书法家，研究中国国情。1868 年为购买轮船，再次到沪。后为《东京日日新闻》主笔，随日军到中国台湾活动。又在东京开设乐善堂药店，贩卖书籍，兼办广告业务。1878 年，第三次到沪，在河南路开设乐善堂药店上海分店。在沪达 30 年，经营眼药水，开设印刷厂，用铜板印刷诸子百家袖珍典籍，获利颇巨，结识一批中国知识分子，成为沪上名人。其药店成为日本军事间谍和特务的过往客栈。1886 年，资助日本陆军中尉荒尾精在湖北汉口设立乐善堂药店分店，成为华中地区的日本情报据点。被日本情报部门称为开辟对华情报活动的“先驱”。晚年编成《清国地志》，为日本侵华提供重要的参考资料。

③ 图片译者选自：田中正明著《大亚细亚先觉传》，大阪：象山阁，昭和十七年(1942 年)九月。

平经办，福州由一位陆军军官负责，总之，岸田所用都是军人；其目的是让他们学习中国、研究中国、在中国工作，让他们弄清楚日本人还尚未了解的事情。乐善堂所经营的商品主要有精锜眼药水、强壮药等药品和书籍等，胃药的商标是一位穿着奇特服装的仙人，有人问岸田这位仙人是何方人氏，岸田答：此乃根据自己形象所绘。在商标上，除仙人之外，还有附有中国人颇为喜欢的、被奉为灵药的人参。有一年，岸田白髯垂胸、穿着奇妙的服装在朝阳门上行走，中国人问：这位老者是谁？公使馆的书记生说：他是日本仙人。此后，中国人把岸田叫做蓬莱仙客。岸田从事多种商业，将其所得作为研究中国问题的费用。荒尾在汉口时，以乐善堂为据点，聚集了中西、浦山内、荒贺等同仁，一段时间，乐善堂成为了日本的梁山泊。在汉口三年期间，荒尾对中国进行了充分的研究，腹中装满了中国学问，每当研究缺少经费时，都是由乐善堂资助。

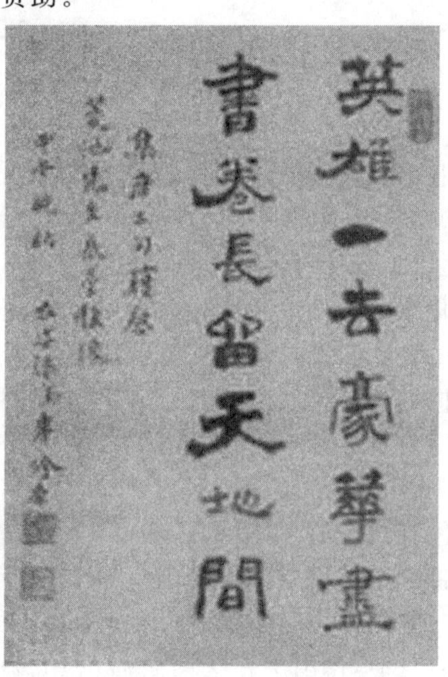

岸田吟香及其书法作品

荒尾大约在明治二十三年(1890 年)，在南京设立日清贸易研究所，开设中文课程，为国家培养有用人才。1893 年，这个研究所毕业了 80 多名学员。在第二年的日清战争[①]中，这些学员全部被军部所用，在军中担任翻译等重要工作。从而达到了荒尾一直所追求的夙愿。白岩龙平、角田武，还有前文提到的甲斐及在中国工作的瀛华洋行的土井伊八都是这个研究所的毕业生。荒尾被派到台湾工

① 中日甲午战争，是 19 世纪末日本侵略中国和朝鲜的战争。它以 1894 年 7 月 25 日丰岛海战爆发为开端，到 1895 年 4 月 17 日《马关条约》签字结束。

作，罹患鼠疫去世后，根津一[①]继承荒尾的遗志，经营现今的同文书院，通过书院培养洞察中国的人才，荒尾以大尉军衔去世，根津又以少佐衔继之，这两位志士前仆后继，其精神和工作态度值得尊敬；两人所开创事业都起始于汉口，都以汉口为基础。

我不太清楚在荒尾之前，日本人来武汉的情况，好像伊集院大尉在明治十七年（1884 年）在汉口工作过。此外，有位叫小牧的日本人，在他写的游记里写道："在游历北京、广东之后，来到汉口。"总之，在 1884 年前，日本人到武汉的情况基本没有资料记载。明治十九年（1886 年），荒尾来到汉口后，先在日本领事馆落脚，那时的领事是町田实一先生，这位町田就是陆军町田桂宇大将的父亲。我任职以前的情况，大致如此，下面再讲一下，大正三年（1914 年）来汉口时的事情。

第六节
发生在大正年间的几件事

我第二次来汉口任职是在 1914 年，此间爆发了日俄战争，那时我在营口工作；1914 年也是世界大战开始的年头。汉口领事馆在此期间不断交替，先是山崎，之后是永泷、高桥、水野、松村、芳泽，我是接替芳泽再来汉口的。这段时间的确变化很大，山崎、高桥两先生已不在人世。和人事的变化一样，汉口也发生了很大的变化。最初只有英租界，之后又有了俄租界、法租界、德租界；英租界是依靠英国的力量扩大出的势力范围，而其他三国都与日本有关。日清战争后，上述三国对日本进行干涉，逼迫日本将辽东半岛返还给了中国；中国政府作为干涉的报酬，将南满给了俄国、将山东给了德国、将广州湾给了法国。作为礼物承认上述三国在汉口的租界地。

俄国在英租界的附近建起了楼房，因为俄国很早以前，就看好了将来的租界地点，那里有一家红茶店，以此为标记，所以很快就确定租界地的位置。法国在俄租界之后，德国又在法国之后，相继确定了租界地位置。由此，日本也要确定租界地，于是有了今天这块地方。在日本租界地确定时，又加进了美国。如上所述，各国都在汉口开始了租界地的建设。此后，比利时准备在日本租界地的旁边

---

① 根津一：（1860—1927）日本陆军少佐，甲午战争时的日本间谍，任上海的东亚同文书院的院长。根津 1885 年入陆军大学，1887 年任职参谋本部支那课。1889 年与荒尾精共议设立日清贸易研究所计划，以侵华为目的，组织进行"大陆经营"。1890 年，由参谋次长川上操六支持，同荒尾精赴汉口领导乐善堂谍报机构。1892 年以汉口乐善堂情报人员多年调查搜集的资料，完成长篇《清国商业总览》（三卷），由日清贸易研究所出版。1894 年就职参谋本部，参与军事、国事策划，并遣派日本谍报人员赴中国各地刺探情报，随时电告日本大本营。1900 年南京同文书院设立后，应近卫笃麿之请，继恢藤正之后出任东亚同文会干事长兼南京同文书院院长。1907 年于同文会内设支那经济调查部，出版《支那省别志》等，《支那省别志》中的第九卷，是研究湖北省情的重要资料。

建立租界地，并就此事与汉口当局进行交涉，但最终未能得出结果；因为随着时势之推移，失去了建立租界地的最佳时间。

日本驻华公使日置益(左)和加藤高明(右)

我第二次来汉口任职的第二年，中日间正围绕“二十一条”的条款进行谈判。当时在汉口驻扎着“中支那派遣队”，其司令官为白川大佐。这份“二十一条”的条款，通过加藤高明①外相与中国进行谈判。当时在北京以日置公使②为中心，船津高尾积极参与此事。在汉口如果日本与袁世凯政府谈判决裂，白川大佐的“中支那派遣队”将采取围城措施，在武汉的日本侨民将作为义勇兵参与行动。由于在日本最后通牒之前，袁世凯同意了日本的要求，随之也就排除了当时的危险气氛，原定准备撤回日本的汉口领事馆，也仍然保留原来的工作状态。然而，在其后，发生了一系列麻烦事情，首先是在中国掀起了要求撤销“二十一条”的排日运动，在汉口发生民众暴乱，打伤鸭川等日本人。后来与段芝贵协商，得到了处置。后来又以“五七纪念日”为名，发生了长沙事件、福州事件等。其后，无论是日本本土还是汉口，受欧洲大战的影响，显现出战时的景气。在汉口的日本人一跃增

① 加藤高明：东京帝国大学法学部第一届毕业。1888 年进入政界，后为伊藤博文所器重，大隈担任外相时，加藤对当时修改条约贡献良多。1894 年出任驻英公使，自 1900 年，历任伊藤第四次内阁、西园寺第一次内阁，以及桂太郎第三次内阁的外相。当 1914 年担任大隈内阁的外相时，主张对内增强军备，对外参加第一次世界大战，并对我国提出“二十一条”要求。

② 1915 年 1 月 18 日下午，日本驻华公使日置益前往怀仁堂把日本对中国的 21 条要求递交给袁世凯，并且逐一加以说明。他还说：“今次如能承允所提条件，则可证明日华亲善，日本政府对袁总统亦可遇事相助。”最后他要求对此事严守秘密。

加到 3000 人。再后就是近几年发生的事情，大家都已清楚，今晚就说到这里。

“二十一条”签字时中日代表合影

第九章

武汉新闻史

《宇治拾遗》[①]可以看作是我国最早的报纸。在中国可能也存在着与此相类似的古老报纸吧。当然，不能以今天的报纸概念来衡量这些记录古老生活的文史资料。所谓新闻，通常要具备二要素，其一，将同一件事情面向很多人传达，或者能让很多人读到对同一件事的报道。其二，确定每日、隔日、或××日这样的定期发刊日期。出现符合上述这两个条件的新闻报纸，还是近几年的事情。汉口的汉字新闻报纸与中国国内其他城市的报纸相比更有着古老的历史。如果要撰写中国新闻史，那么，汉口汉字新闻报纸的历史则具有重要的历史地位。中国最早的汉字报纸的《汉报》，则由日本志士宗方北平创刊，这对于研究在汉口的日本侨民史来说，也很有意义。

第一节
宗方北平与《汉报》

我想写一下汉口的新闻史，但苦于没有任何参考资料。仅根据所见所闻、记者笔记、零星记录为研究线索。为此，首先从日文报纸开始，然后再过渡到所知不多的汉字报纸方面。

曾经担任过汉口总领事的濑川浅之进先生还健在，现今住在东京。他在调查某件事情时，曾给宝妻寿作先生回函，在其书信里记载了有关《汉报》创刊时的情况。笔者将这段史料抄录在笔记本里。据此记载："《汉报》是在明治二十九年(1896 年)二月期间，由宗方小太郎创刊发行[②]，此乃日本人在中国国内发行报纸之嚆矢。"当时，中国在报纸发行上仅有《申报》和《沪报》。在《汉报》上所刊载的

① 《宇治拾遗》:日本镰仓初期的故事集，2 册，刊本 15 卷，作者不明。大约成书于 1221 年。其中收入贵族故事、佛教故事、民间传说等 197 篇，记载了日本中世初期的生活情感。

② 《汉报》可能并非由宗方小太郎创刊，是在 1896 年 2 月 12 日，由日本人出资顶办华商《汉报》而成。宗方小太郎任社长，篠原邦成、梛原文雄，冈幸七郎为主笔。承继原有报名、序号和版面编排，聘用华人主持社务，用华人口气撰写文章，隐蔽日本人主办之真相，以期达到为日本服务之目的。

新闻，屡屡触犯武昌官宪当局的意志，为官宪当局所忌讳[①]；对此，总督张之洞多次提出抗议。日方则认为：既然是新闻，那么，就要如实地报道地方上发生的事情，此乃新闻之使命。官宪当局由于不能禁止，最终采取收购的办法将《汉报》买下，至此，《汉报》绝迹，此后以面向日本人的《汉口日报》取代于《汉报》，继续发刊。

根据这封信来看，汉口最早出现报纸的时间，应该是 1896 年 2 月无疑。这是距今 47 年前的事。实际上，宗方北平[②]就是宗方小太郎。他于 1922 年，在上海去世，是我国开拓中国事业的前驱者之一，现今在我国历史上已成为被大众所知的人物。宗方北平在我帝国确定对中国的战略方针上起着决定性的重要作用。宗方曾几次从死神手里夺回生命，在其身上留有多处致命的刀伤。他千辛万苦，踏破中国四百余州，对中国进行全面踏查，这些事迹我想读者应该记住。

日清战争时，钟崎三郎[③]被杀，用他的魂灵建立起了三崎神社[④]，在满洲国的金州之地被祭奠；之后这三位的魂灵又被转到东京泉岳寺四十七义士墓[⑤]下首的寺庙入口处祭祀。因为北平先生晚些离世，没有享此荣誉。然而，他为日本陆军所作的工作和取得的功绩决不逊于钟崎、藤崎等。北平先生在汉口是新闻报纸的创始者，作为先驱者的北平先生，无论埋在何地，都会作为先驱者在大地上留下痕迹。

① 支持维法变新，抨击顽固保皇，是《汉报》的宗旨之一。1900 年 2 月，清廷颁发“严查”康党报章之上谕，鄂督就此下令禁止购阅《汉报》，赎归官办，9 月 28 日停刊。

② 宗方北平：1887 年，宗方以学生名义再度申请赴东北考察，获得了总理衙门颁发的游历护照，得以堂而皇之地刺探重要军情。1888 年，乐善堂明确宗方的北京支部，主要负责刺探清政府中央情报，宗方因此还取了个号“北平”，自抒胸臆。谍报工作初有成效后，荒尾精退出军界专事“民间谍报”，着手设立“日清贸易商会”，并在其下开设日清贸易研究所，培训“支那通”。该研究所获得日本政府从内阁机密费中的拨款，遂于 1890 年 9 月在上海英租界大马路泥城桥畔开办。宗方北平应邀担任学生监督。参看本书的相关注释。

③ 钟崎三郎：福冈人，1891 年入日清贸易研究所特别班学习。1894 年 3 月，化名钟左武，改扮中国卖药商人，奔走于直隶、山东间，侦察渤海湾各处军事设施及驻军情况，并深入过旅顺要塞。曾协助日本驻天津武官泷川具和测量过渤海湾。其后在碧流河西岸被清军捕获，验明实情后，被清军处以死刑。

④ 三崎神社：被清军处以死刑的除钟崎三郎外，还有另外两名间谍，名字叫山崎羔三郎、藤崎秀。因为三个人的名字里都有“崎”字，所以叫三崎神社。

⑤ 四十七义士墓：“四十七义士”指的是元禄十五年（1702 年），四十七名赤穗浪士为主复仇，讨伐仇敌吉良义央的故事。复仇之后，四十七名赤穗浪士举着吉良的首级，浩浩荡荡列队走到泉岳寺，将首级献到主人浅野的坟上。之后，除一人之外，其余四十六人全部切腹自杀。此事被作为武士道精神的象征，被幕府大加褒扬，泉岳寺成为神圣的祭祀之地。作者渗透出的意思是：宗方北平功劳那样大，没能埋在此地，非常遗憾，替宗方抱不平。

第二节
冈幸七郎和《汉口日报》

如上所述，根据濑川浅之进先生信件记载：汉口的新闻报纸创刊于1896年2月。之后被张之洞所收购而破产，至于在何时破产，只能有一个大概的估计。在汉口建立日本领事馆是在明治十八年(1885年)，此后有一段时间，日本领事馆没有常驻的领事。其建筑物位于从三菱横头处入口的河街。具体的位置是：从三菱一直往里走，沿花楼街的街道；再前行100米左右的西侧的地方。后来，据说宗方先生所建的《汉报》新闻社，也在日本领事馆建筑物的附近，大概在沿三菱往里走的花楼街与河街呈丁字路的北侧。一度中断的日本领事馆，于1898年10月再开时，濑川领事就在《汉报》社的二楼办公。如此推算，《汉报》被收购大约是在1900年前后，也就是在义和团事件那段时间。濑川领事大致在汉口工作到1902年，之后由山崎领事接替，这段时间都存有记录。假设《汉报》被收购的事情发生在濑川与山崎工作交接这段时间的话，《汉报》大约发刊了五六年时间。

那时在宗方麾下，有筱原邦成、柳原又熊、冈幸七郎等人；时至今日，上述三位均已作古，为此，在此略去敬称。在以上三位记者里，柳原后来成为方言学堂的教谕，冈幸七郎后来创办了《汉口日报》，自任社长。流连于汉口乐善堂的一些浪人，在《汉报》解体后，又聚集在东肥洋行。这期间，日俄关系日益吃紧，终于在1904年，日本对俄宣战。

以宗方先生为首，不光在汉口，其他地方也如此，很多在中国的浪人成为日军的翻译，效力于满洲。第二年随日俄媾和，服务于军中的翻译也开始转行，其中相当一部分，在当局许可下从事新闻事业；在满洲和中国所开办的老的日本新闻报纸几乎都是陆军翻译所为。在日清战争后报界的山田武吉、佐佐木安武郎、内滕湖南、福岛熊次郎、宫崎来城等人都进入台湾办报，这其中有个叫村田的人转向满洲，并在满洲创办了《满洲日日新闻》；中村纯二郎在大连创刊了《辽东新报》、金子雪齐创刊了汉文的《泰东日报》，大概是南部重远创刊了《安东新报》、井出三郎创刊了《上海日报》。

因为日本报界处于这样一种情势之下，冈幸七郎也离开军队，再次来到汉口，于1907年8月1日，在汉口创刊了《汉口日报》[①]。在创刊当时，将编辑室设在位于特三区英国总领事馆后方的大仓洋行的二楼。因为没有独立的印刷能力，暂时依靠在日本租界地的东京凸版会社系统的印刷厂崇文阁印刷。当时日

① 《汉口日报》供日本侨民阅读，行销汉口、长沙、宜昌、重庆等地。

本领事馆的领事是1905年来任的水野幸吉①,水野不光是汉口日本租界地的创设者,同时还是《汉口》②一书的著者,为日本立足于汉口作出了卓越的努力。《汉口日报》发刊后,水野领事亲自执笔,在勤的领事馆书记生山崎馨一以五九楼主的笔名,定期发表评论文章。此外,后来成为方言学堂的教谕的《万朝报》的记者中久喜信周也为日报撰稿,宇都宫五郎先生以三九楼主的笔名经常发表评论文章。至今回想起来,在《汉口日报》上很多人士发表评论,现今这些人都已作古。水野领事早逝,中久喜死在印度洋,也可能是地中海的旅途中;冈幸七郎不光被在汉口的日本人,也被汉口的中国人所熟知。冈于1927年去世,随之《汉口日报》也停刊。现今只有宇都宫先生健在,前些日子,自创刊(1907年)时起,到1921年止,一直为报社尽力的白仓清一也离开了汉口。

第三节
周刊《鹤唳》的出现

以上叙述了日本人所经营的汉文版新闻报纸《汉报》及日文版新闻报纸《汉口日报》的情况。张之洞打压、收购《汉报》虽然取得了成功,但像汉口这样的大城市无论多么守旧于旧时代、多么排斥文化之波,仍不可能阻止新闻报纸的发刊。实际上,在《汉口日报》出现以前,汉文版之类的报刊已在中国人中间出现。最早呱呱落地的报纸是《新闻报》,其次是《中西日报》,再后来是《公论日报》和《大江报》接连创刊。当然,这个顺序不一定准确,如果有一本介绍新闻报纸30年的书,我想对此问题就会有一个全面的了解,遗憾的是至今还没有这样的书。担任《大楚报》的张经理是很早从事报业的老人,估计会知道很多以前报业的情况,但这位老人已耳聋失去听觉,根本不能交谈。

当时的报纸不可能有现今这样的编辑体裁,以前中国各地所发刊的报纸的版式可能大致相同,正文用4号活字,标题用2号活字印刷。比如相当于日本明治时代的北京的《顺天时报》就是如此。就其所发表的内容来说,不能有引起清朝官宪当局不悦的内容,即使是在革命发祥地的武汉也概莫能外。比如,作为革

① 水野幸吉(1873年—1914年5月),日本东京帝国大学政治科毕业,经在日本驻朝鲜汉城使馆工作之后,1899年5月,被调到日本驻德国柏林公使馆工作,在此晋升为公使馆三等书记官。1901年12月,又被调到日本驻中国芝罘(烟台)领事馆担任领事工作。当时水野领事与北京的内田康哉公使、天津的伊集院彦吉总领事并成为日本华北外交三杰。1905年9月,被调到汉口领事馆担任领事工作。1911年,再度来华,担任日本驻中国公使馆一等书记官。

② 《汉口》一书是日本外务省领事馆系统踏查武汉的主要成果。《汉口》达到了日本外务省及日本政府对情报的要求,此书的信息价值体现在信息的全面性(通过目录可以看到)、信息的系统性(信息之间的关联)、信息的深入性(对同一事物的章·节·款·项的有序递进)、信息的准确性(通过具体的数字和表格)上。此书已由武汉出版社翻译出版。

命党人的汪精卫、章太炎他们所写的文章，在中国国内都不能发，只能在东京的报纸上发表，在这些报纸上鼓吹他们的革命思想。如果不去日本，就不能在报纸上发表意见；为此刘揆一等人只能在杂志上发文，借此鼓动青年。

中国在这样一种情势和气氛下，终于在明治四十四年（1911 年）十月爆发辛亥革命，汉口笼罩在战火硝烟之中，就在这硝烟里，新闻报纸得到重生，有了言论自由。革命者在武昌和南京成立了革命政府。日本各大报社均派特派员到汉口观察时事。这些特派员受到革命政府的优待，都觉得心情舒畅，于是把特别收入的补贴都洒在已经移居在日本租界的日式菜馆里。一时间，云集在武汉的日本新闻记者及浪人多达 70 余人。冈先生说：来自日本的与新闻相关人员比中国的新闻记者还要多，大量增加的日本记者，给日本菜馆带来了生意，"喜乐"、"福宫"等日式菜馆都扩大了门面。在这些日本记者里比较知名的有：小山田剑南、佐藤胆齐等，据冈先生说中野江汉[①]也跟随佐藤胆齐[②]工作过。

前文提到日本菜馆的生意，事实的确如此，现今正是"事变"[③]期间，但日本菜馆的生意仍然隆盛，就拿汉口的某日式菜馆来说，其营业额的二成，都来自新闻记者的消费；看起来新闻记者是菜馆的常客，菜馆也成为他们的聚集地。当时汉口本地的记者冈幸七郎社长、白仓清一还是弱冠，而中津纯一已到盛年。笔者曾经就编撰"汉口日本侨民史"，向民会提出过建议。由此笔者本人担任了编撰委员会的委员，由此笔者进行了相关的资料搜集工作。例如：在中国辛亥革命时，香椎浩平[④]将军（当时是中尉）为保护日本侨民而率日本陆军进入汉口，当时的《汉口日报》也为此发了号外（笔者剪下了这个消息），这是日本陆军首次在汉口印下足迹，有史料价值。笔者所搜集的对编撰"汉口日本侨民史"相关的重要资料，都遗留在"汉口日日新闻社"里，因为我将被遣返日本，这些资料也随之全部散失。时至今日，纪念"日本 2600 年"[⑤]活动，准备编撰日本侨民史，笔者虽然想对此编撰尽些微力，但现今再着手搜集资料，已成为非常困难之事。我曾经搜集过的资料，虽然不能称得上宝贵，但其中有些资料是散失之后不会再有的资料。至今想起，不能不说是遗憾之事。

在辛亥革命时，濑川、古闲两人都在汉口。两人商量能否办一份周刊，经总

① 中野江汉：1889 年出生于福冈，本名吉三郎。18 岁到中国，在玄洋社工作，在汉口跟随佐藤胆齐工作。协助黎元洪创办《新民》杂志，1915 年移居北京，建立北京联合通信社，担任京津《日日新闻》北京分局主任，发行《支那风物丛书》。

② 佐藤胆齐：伪满洲国的御用文人，起草过很多重要文件。

③ 这里所说的事变，应是日本人所说的"日华事变"，即"卢沟桥事变"。

④ 香椎浩平：（1881—1954）日本大正至昭和时期的日本陆军军人。最终官阶陆军中将，陆军中将香椎秀一的弟弟，属皇道派。1930 年，担任"支那驻屯军司令官"。

⑤ 日本 2600 年，日本皇道认为，日本建国日起自神武天皇（公元前 660 年），本书写于 1944 年前后，所以前后相加大致是 2600 年。

领事馆(1910 年日本领事馆升格为总领事)批准，发行了取名为《鹤唳》的对开八页的周刊杂志。《鹤唳》来自于当时为革命者所喜欢的发音和意思都大致相通的《鹤鸣》，“鹤唳”出自古语“闻风声鹤唳，皆以为王师已至”，表现革命者的潇洒情感。其后，《鹤唳》转交给在汉口的风来和尚田岛月海经办，月海和尚将《鹤唳》中的一个版面，设定为“脐茶[①]”栏目。并用红笔勾出主要内容，以日本侨民为阅读对象，讲述武汉坊间的一些趣闻轶事。

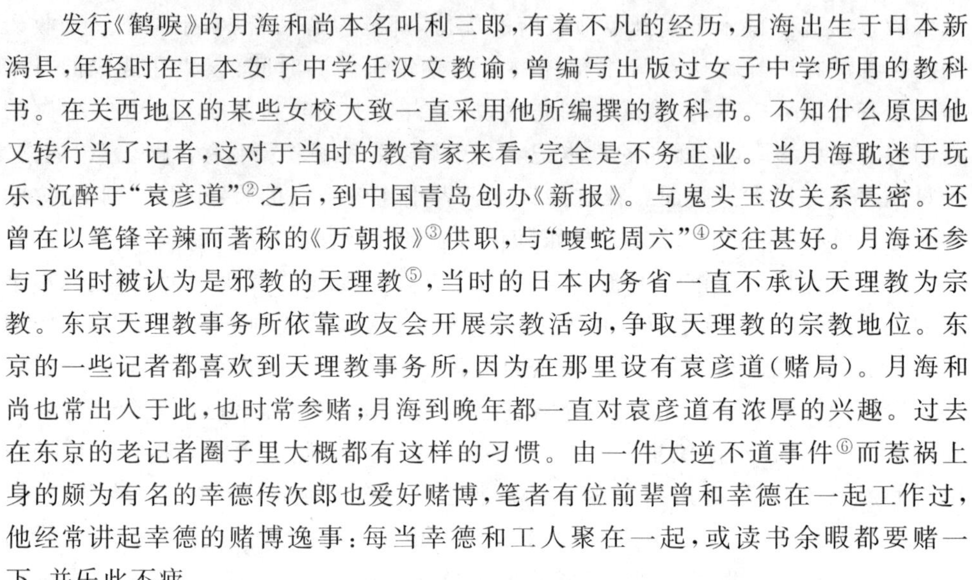

发行《鹤唳》的月海和尚本名叫利三郎，有着不凡的经历，月海出生于日本新潟县，年轻时在日本女子中学任汉文教谕，曾编写出版过女子中学所用的教科书。在关西地区的某些女校大致一直采用他所编撰的教科书。不知什么原因他又转行当了记者，这对于当时的教育家来看，完全是不务正业。当月海耽迷于玩乐、沉醉于“袁彦道”[②]之后，到中国青岛创办《新报》。与鬼头玉汝关系甚密。还曾在以笔锋辛辣而著称的《万朝报》[③]供职，与“蝮蛇周六”[④]交往甚好。月海还参与了当时被认为是邪教的天理教[⑤]，当时的日本内务省一直不承认天理教为宗教。东京天理教事务所依靠政友会开展宗教活动，争取天理教的宗教地位。东京的一些记者都喜欢到天理教事务所，因为在那里设有袁彦道(赌局)。月海和尚也常出入于此，也时常参赌；月海到晚年都一直对袁彦道有浓厚的兴趣。过去在东京的老记者圈子里大概都有这样的习惯。由一件大逆不道事件[⑥]而惹祸上身的颇为有名的幸德传次郎也爱好赌博，笔者有位前辈曾和幸德在一起工作过，他经常讲起幸德的赌博逸事：每当幸德和工人聚在一起，或读书余暇都要赌一下，并乐此不疲。

还说这位月海先生，他身高六尺，似乎有阿伊努[⑦]的血统，长着阿伊努人特有

---

① 脐茶：来自于日本谚语“臍で茶を沸かす”，意思是：“在肚脐眼上煮茶——荒诞不经”。

② 袁彦道：“袁彦”是中国东晋时代的赌博名家，“袁彦道”赌博之道的隐语。

③ 《万朝报》：日本有影响的报纸，编辑方针是简单、明了、痛快。它非常重视揭丑报道，尤其是上层人物的丑闻。这一方针为《万朝报》争取了广大的读者。但该报有媚俗倾向，是日本黄色报业的开山祖。

④ 蝮蛇周六：指《万朝报》的创刊者黑岩泪香，他本名黑岩周六，“蝮蛇周六”是他的笔名，此外，还有香骨居士、泪香小史等笔名。黑岩是日本明治时代的著名思想家、作家、翻译家、侦探小说家。

⑤ 天理教：日本天理教的始创人为农村出身的中山美伎，天理教的运动出现于第二次世界大战的结束时期，现仍被视为日本最有影响力的宗教运动。天理教提倡神乐歌与跳圣舞的祭拜方式，宣扬仁慈、爱人、能医百病等教义。

⑥ 大逆事件：又称“幸德事件”。1910 年 5 月下旬，日本长野县明科锯木厂一工人携带炸弹到厂，被查出。当时的日本政府以此为借口镇压日本的社会主义运动。大肆逮捕社会主义者，封闭工会，禁止出版进步书刊。于 1911 年 1 月 18 日，宣判幸德秋水(幸德传次郎)等 24 人死刑，其后，尽管遭到日本人民和世界进步力量的反对，幸德秋水等 12 人仍被判为绞刑。这 12 人被日本人民称为 12 烈士。幸德死时年仅 40 岁。

⑦ 阿伊努：亚洲东部日本国的少数民族。主要分布在北海道。日本在 18 世纪以前的史书记载中是将之归于“异国人物”的范围的。日本古代一直称阿伊努人为“虾夷”。“虾夷”一词带有贬义，直译是“毛人、囚俘、蕃人”的意思。1980 年阿伊努人人口竟减少到 2.4 万人。现在的衣食住行已与日本人无别。

的相貌。他觉得长久在新闻界并不能体现自身价值，为此，在日俄战争开始之前，再次到前琉球的一所中学里执教。然而，在冲绳执教期间，并不专心于教学，而把精力放在冲绳史的研究上，随着研究的深入，发现冲绳与台湾的联系很紧密，决定一定要到台湾，于是辞去中学的工作，去了台湾。大约又过了两年，随之对台湾研究的进展，越发感到有研究福建省的必要。最终由台湾来到了福建。这时月海生活极为窘迫，连吃饭都成为问题。只能到中国的寺庙出家为僧，混碗粥吃，在此栖身之后，继续研究他的琉球史。

在中国出家为僧，都要经过剃度仪式，即：用香火在头上炙烤，以形成火伤痕迹。在中国是真和尚还是假和尚，全依据此进行判断；月海在福州的寺庙正式学经、剃度成为中国和尚。因为月海是日本人，由此，不禁让人联想到苏曼殊①的经历。曾一直立志研究琉球史的月海，当在中国成为僧人后，其心境也随之改变，抛掉一切名利，作为僧人从福建出发游历中国的湖南、湖北、河南、陕西、甘肃等地。因为在甘肃兰州咯血，终止了旅行计划，再次返回湖北，来到汉口；此时，辛亥革命刚刚结束。

还是月海在日本期间，濑川就已对经营《鹤唳》有些力不从心，月海来到汉口后，濑川将《鹤唳》转让月海经营。月海接手以后，写出了很多抨击社会现实的文章，但对赌博始终只字未提，笔者猜想：月海来汉口后，赌博之习可能始终未断。当然，这样没有根据地猜想对月海可能有些失礼。

第四节 《湖广新报》的创刊

以上叙述了辛亥革命以后的日本人所办的新闻报纸，中华民国成立后，在言论上有了很大程度的自由，由此，新闻报纸如雨后春笋般地出现。就内容而言另当别论，报刊的数量实在是增加得很快。革命后，日本陆军为了保护日本侨民的利益，在汉口长期驻兵。为此，“日本中支那派遣队司令部”及“派遣大队当局”有必要和中国方面的记者保持联系，宣传日本立场和观点。中国革命以后，进入了英雄割据时代，不管是哪路英雄首先要有自己的言论机关，为此，“派遣大队当局”有必要和这些代表不同立场的言论机关沟通思想。派遣队司令部的第一代司令官尾野实信，第二代司令官舆仓将军等经常召开中国方面的记者招待会了解、探讨时事情况。

---

① 苏曼殊(1884—1918)，近代作家、诗人、翻译家，广东香山(今广东珠海)人，原名戬，字子谷，学名元瑛(亦作玄瑛)，法名博经，法号曼殊，笔名印禅、苏湜。光绪十年(1884年)生于日本横滨，父亲是广东茶商，母亲是日本人。1903年苏曼殊留学日本，曾在东京早稻田大学预科，成城学校等处就读。回国后，任上海《国民日报》的翻译，后与鲁迅等人合办杂志《新生》但未成功。1918年5月2日，34岁在上海病逝。

1914年,第一次世界大战爆发。在此之前,一直处于萎靡不振的日本产业界由于战争的机遇得到了迅速的发展,对外贸易额节节攀升。我日本政府在1915年的议会上确定新闻等的宣传费用为400万圆,并创立了今日同盟通信的前身东方通信社,到1917年,对新闻等的投入进一步增加。利用此资金日本在中国发行了汉文版的新闻报纸。那时,由日本人经手发行的汉文版的新闻报纸还不是很多,主要有:北京的《顺天时报》、奉天的《盛京时报》、大连的《泰东日报》等。现今已成为政治家的一宫房次郎[①]在当他选为众议院议员之前,好像就在《盛京时报》社工作。

除以上三家汉文版的新闻报纸外,1917年以后,日本政府在上海发行了《亚洲日报》,接着在广东发行了《岭南日报》,翌年春天,在汉口发行了《湖广新报》。在此之前,汉口新闻社还未曾使用滚轮式印刷机械。以此为开端,将能够印刷8页的滚轮式印刷机引入到汉口,用这种印刷机印刷的报纸,其边缘呈微小的锯齿形。《湖广新报》的社长是文学博士笹川种郎[②]的弟弟,有着日本和美国的双文凭的笹川杰先生。这家报社有日本记者一人,印刷工人十余人,都是从日本东京带来的;印刷厂为平房相连式建筑,报社的地址在日本租界的诚忠街,而印刷厂则在北面小巷里。

因为社长初次来汉口,对本地不熟悉,雇佣了浪人吉福四郎为总务,记者都是汉口的本地人。其后,任用了各色人物;来自陕西省的共产党重要分子张孑余、董必武等也短时间地在此社担任过记者。这些共党分子后来去了苏联。此社的主笔是何河山,他曾在汉文版报纸《国民新闻》工作过,写过一些排日文章。就聘请何河山一事,在老汉口的日侨里,有些不同的意见,而对中国了解颇深的总务吉福则极力主张聘用何河山,其理由是:"我们所在之地为中国人之地,既然来到此地,对何河山这样的中国人就应该给与理解。"这家报社还聘请了徐祝平为记者,徐的妻子是日本人。后来湖北督军王占元因派系矛盾,扣押了安福系的吴光新等人;似乎就在这个时期,也曾悬赏5000圆,捉拿过徐祝平。从整体来看,我国新闻报纸对湖北当权者抨击较多。

《湖广新报》渐渐陷入困境,发刊非常困难。继上海的《亚洲日报》失败之后,《岭南日报》停刊。1921年,召开了类似于凡尔赛和会那样的华府军缩会议,世界形势发生了变化,就在这一年,《湖广新报》停刊。记得在日租界《湖广新报》发刊前,还有一家汉文的新闻报纸,名叫《大汉报》。这份报纸也与日本有关系,由日

---

① 一宫房次郎:(1884—1948)大分县出身,东亚同文学院毕业。日本大正至昭和时代的政治家。曾作为大阪朝日新闻的特派记者来北京。1917年当选为众议院议员。第一次进卫内阁的海军政务次官,大东亚省委员。

② 笹川种郎:(1870—1949)笔名"临风",著作丰厚,是日本著名作家和历史学家。日本有把知名的父兄引为自豪的习惯。

本人提供印刷机械和铅字。这家报社的社长就是以革命志士而闻名的胡石庵。胡在辛亥革命时，参加了宋教仁一派的义举，在武昌闯进黎元洪的官邸，在痛打黎元洪的同时，宣读了革命派的宣言。革命之后，其他同伙都得到了相当的地位，而他却亡命于日租界，过着惶惶不可终日的日子。仅知道他经营过《大汉报》，关于他的事情此外一概不详。

第五节
《汉口日日新闻》的创刊

《湖广新报》停刊有很多原因，罗列起来主要有以下几条：1. 这份报纸是日本人所经营的汉文版新闻报纸，平时读者很少，然而一旦中国发生内乱，则读者激增。2. 报纸需求量一旦激增，就会出现转轮机所需要的印刷纸因运输等原因不能满足供应的现象，也就是说不能满足市民读者的一时间的迫切需求。3. 销售量不均衡固然是其原因，而更为重要的原因是：中国一般民众不太相信汉字报纸所发表的言论，与此相对更为重视英文版、日文版的社论和报道；中国官宪当局以控制舆论为目的，花费巨额补贴扶助汉文版新闻报纸的发行，以期赢得民众的阅读量，然而，无论是当权者还是民众仍然毫无遗漏地注意《上海日报》、《汉口日报》、《汉口日日新闻》、《中国邮报》上所发表的言论。

综上所述，原本想以汉文版新闻报纸作为发展方向的设想遭到失败。也就是说，在中国，要想进行新闻宣传事业，还是以强化或维持日文版的报纸为好，这就是《湖广新报》停刊的最主要原因。总体来说，中国的情势是：政府似乎拿出了全部经费，而中国相关的责任者，奢侈而无效果；从民间来说，民众为温饱发愁、为温饱而拼命工作，为国家考虑就受到一定的阻碍。这些都是从事新闻宣传应该注意的方面。时至今日时势已变，前述之经验或许没有价值，但仍有回顾之必要。

在日租界所发行的《大汉报》在《湖广新报》停刊之后，又持续了一段时间，大约是在《湖广新报》停刊后的第二年，随社长胡石庵去世，报社停办，其报社的记者和工作人员也都离去各寻出路。《大汉报》的一些印刷机器设备，开始在某工厂保管，后来不知去向。在日本关东大地震之前，笔者想和一位朋友接手《大汉报》，没想到我的这位朋友去世，此事也就不了了之。

还回到前面的话题，接着谈另外一家日文报纸《汉口日日新闻》。由第一次欧洲大战所带来的机遇，日本在各方面都得到了迅速的发展，首先是日本移居海外的人数不断增加。原来在上海只有一家日文报纸，后来日本农学士宫地贯道①

① 日本人宫地贯道在上海创办《上海日日新闻》报纸，日刊，每期 12 至 16 版，另附有晚刊。从 1935 年 8 月增出汉文版。

先生，在 1915 年，在上海以开发农业技术、指导中国农业为目的，发行了《上海日日新闻》的日文版报纸。其报社地址最早在梧州路，利用原来《作进社》的旧址渐次发展，乃至达到凌驾上海老牌报纸《上海日报》的程度。这家报社云集了一批精通中国事情的记者，除中国记者之外，还有诸如井上红梅[①]、池田桃川[②]等一些中国通的日籍记者。

两年后，鉴于日本人在汉口大量增加，准备在汉口创办第二家日文报纸，1917 年秋，《上海日日新闻》的创始人宫地社长自上海溯江而上来到汉口。那时在汉口有一家《周刊杂志》，其主办人是现今在早稻田大学当讲师的井村薰雄君，宫地社长准备收购这家周刊，然后办日刊的日文报纸。当时任汉口总领事的濑川浅之进先生对此事给与了极大支持，为此，宫地社长亲自回日本到外务省活动办报事宜，终于得到了外务省的批准，于 1918 年 7 月 1 日，在汉口出刊了《汉口日日新闻》的第一张报纸。井村薰雄仍为此报社担任一些撰稿工作。担任此报社主笔的是陆军中尉本间文彦，他从日本军队退役后担任浙江督军的顾问。宫地社长把《汉口日日新闻》作为《上海日日新闻》报社的分社，为此，无论资金和人手都比较欠缺。那时笔者在《上海日日新闻》报社任职，受宫地社长指派，和宫地社长一起从上海启程赴汉口，到达汉口那一天是 1918 年 1 月 17 日，自这一天起，开始了我在汉口的记者生涯。

宫地社长在规划《汉口日日新闻》时，是以当时的物价为参考值；其后，随着社会的物价上涨，《汉口日日新闻》的开支也随之加大。原本计划由上海本社每月补助 200 圆，等稳定之后，汉口分社做到经济上独立。然而，其后的情况是岂止独立，每月 200 圆的补助根本不够用，还需不断追加补助金额。由此宫地社长在外务省好不容易活动下来的办报资格，随着经济困难而陷入窘境，处于进退两难的境地；最终于本年 5 月将汉口分社转让给了主笔本间文彦。没有想到，第二年 3 月，本间罹患了流行全世界、其死亡人数超过欧洲大战的流行性感冒而死亡。一时间，汉口分社无人接手，在闲置一段时间之后，由到汉口开拓业务的住友洋行的职员奥野四郎接办，但在经营上仍未转变困境；基本上是步《汉口日报》之后尘，以刊登总领事馆告示和消息维持生计。没想到后来峰回路转，于 1920 年，宇都宫五郎加盟汉口分社担任主笔。宇都宫所撰写的社论以长江流域为着眼点，在事实评论上，不像《汉口日报》那样表现出明显的官方的领事馆色彩，以其特有的评论风格赢得日本侨民的支持。

1923 年 7 月底，第三代的奥野四郎社长去世以后，由宇都宫五郎接任社长，

---

① 井上红梅：把鲁迅的《阿 Q 正传》翻译成日文的日本记者。

② 池田桃川：该记者曾在 1921 年 8 月 15 日、16 日，在《读卖新闻》上，介绍冰心的作品，这可能是在日本最早的评论冰心作品的文章。

维持《汉口日日新闻》的运转，直到 1927 年 4 月。这一年“四三事件”[1]爆发，汉口的所有报纸都不能发刊；到本年的 6 月份才恢复正常。然而，《汉口日报》没能复刊。日本总领事馆的告示及相关信息均由《汉口日日新闻》发布，具有四个版面的这份报纸，持续到 1937 年 8 月 7 日，即：居住在汉口的日本侨民奉日本政府命令全部撤回本土时为止。

《鹤唳》停刊是在 1925 年夏。现今在汉口保华街的警察署一带，连年发生排日事件，而当时在汉口主要是排英动乱，由此大丰洋行、堀井洋行、日比野洋行、荣信洋行等均遭袭击和破坏。在新昌里事件中，日本侨民召开大会，拥护总领事馆当局对中国采取强硬态度。当时月海在《鹤唳》上发表对华激烈言论，总领事林久次郎出于策略考虑，令其停刊，而月海对此极为愤慨，上书到日本外务省，要求行政裁判。而外务省认识月海的人说：“还是返回汉口，与林君商量，争取得到他的认可。”月海回到汉口以后，与林久次郎并未达成一致意见，由于月海的激烈情绪宣泄，而结束了《鹤唳》长达 14 年的寿命，就此，《鹤唳》在日本侨民的眼中消失。

第六节

汉口的《英文楚报》

汉口的日文版报纸如上所述，在汉口除日文版、汉文版的报纸之外，还有《Central China》、《Hankou Herald》这两份英文报纸。《China Post》这份报纸在事变后仍然继续发行。因为纸张关系，不能维持原有的体裁，只能以对开版 6 页或 8 页发刊，以这种形式一直维持到停刊。以前的大开 8 页版，常出现在地方邮件中，其范围遍及湖北、湖南、四川、陕西、甘肃、河南、贵州等地。基督教的宣教士的目的主要是传教，并有自己的传教范围，这些英文报纸主要通过传教士进入中国各地，中国各地的当权者所发布的消息肯定比一般民众准确，为此，以英文的信件方式传递这些中国各地的当权者的消息。就整体而言，以宣教士身份出现的欧美人有多重身份，既可以说是军事侦探，又可以说是经济调查员。这些外文报纸尽管由外国人编辑，但能考虑到中国人的阅读习惯，在内容上不但做到细说事情之原委，在文章结构上还能考虑起、承、转、结；此外还附带有补充说明。正因为如此，在长江沿线，从上海到长江的上游，作为信息源对英文报纸都很重

① “四三事件”：1927 年 4 月 3 日，日本水兵在汉口无故殴打人力车工人，并刺死前来排解的其他工人。工人和市民们义愤填膺，将行凶的日本水兵扭送到湖北全省总工会处理。日驻汉总领事竟调集大批水兵登岸，越过租界枪杀武汉民众，当场打死数人，打伤数十人。惨案发生后，武汉各群众团体在刘少奇领导下举行紧急联席会议，组成武汉人民对日委员会，提出立即撤退日本水兵、收回日租界、凶手交中国法庭严办等对日交涉条件，掀起群众的怒潮。

视。英文报纸对日中战局及时局的发展，都能发表正确言论，对中国也能直截了当提出看法。

这份英文报纸比《汉口日报》晚办4年，在辛亥革命那一年创刊。作为惯例：每周星期天休刊，每逢圣诞节，在12月20日前后，免费加刊增加版面，其后休刊一个星期。在休刊期间，没有报道的消息，无论对日方还是中方都得到了暂时的宁静。日文报刊截止到“满洲事变”[①]时为止，都是星期天、三大节日休息。而中国的习惯是端午、中秋休刊，正月（新年）期间，日本休假三天；中国的正月（新年）是过旧历年，休假五天。中国的新年休假时间比日本的新年长，常被讥笑为本末倒置，这说明过去的中国比现在的中国过得宽松悠闲。中国人的传统习惯是：自新年的除夕夜开始就闭门不出，呆在家里；认为新年期间还不归家乃是贫苦之人。的确如此，在现今的花楼街的大街上在除夕夜很少看到人影，在屋外活动的人大多是放鞭炮的，一条街上鞭炮的纸屑积起二寸厚，爆竹声此起彼伏响个不停。现今新年初一也有一大早就外出拜年，看电影等的人，一改过去的传统习惯。

在中国新年期间，即使想出报纸也没有办法，因为所雇用的职工大多是中国人，中国人要过年，无论是《汉口日报》还是《China Post》都得休刊。早在1919年，《上海每日新闻》的前身《上海经济日报》在上海发行，每到12月26日，就发表本年的年末终刊词，之后就是休息，而元旦版则要到正月初五才能发表。若以现今的新闻观念来衡量，完全是不可思议之事，在汉口应该妥善解决此事。说起中国新年和新闻发刊的矛盾，笔者从前辈那里还听到一件事情：那是在“日清战争”以后，日本帝国开始经营台湾这块新版图，为此，台湾总督府必须要发行报纸。报社的记者和铅字的拣字工人可以从日本带来，而机械工等其他一些辅助工种则从台湾本地雇用。经过一系列准备，当作为官方报纸的《日日新闻》准备发刊时，正好赶上中国的新年，中国职工以“现在是新年期间”为理由拒绝工作。现今，我日本国对中国的研究者很多，对其风俗习惯都有很深入的了解，而在1887年，从日本本土到台湾的记者们完全不了解这一点。

当时，就机械来说，既不是现今带马达的印刷设备，也不是滚轮印刷设备；而是两台平盘式的手动的机器。植铅字、制版都由日本工人操作，印刷只能由记者代劳。当时在总督府任职、后来以蒙古王为绰号成为国会议员的佐佐木安五郎，见到此景，遂引进了机械印刷机，以此改变现有的工作效率低下的印刷状况。然而，机械运转起来以后，仍然没有达到原设想之目的，一些人对此冷嘲热讽道：“这样的机械还不如苦力的一只胳膊有力气！”这让当时还是记者，后来成为教育

① 满洲事变：“九一八”事变（又称沈阳事变；日本称满洲事变，因中国东北被日本称作满洲），指1931年9月18日在中国东北爆发的一次军事冲突和政治事件。冲突双方是中国东北军和日本关东军。

家的湖南先生[①]非常为难和没面子。后来在京都成为学者的湖南先生还念念不忘在台湾当记者时所留下的一些印象深刻的事情，他说：报社招聘了一些台湾本地工人，他们每到春节要休息很长时间，大约过了正月十五，才满面笑容地、嘴里说着“恭喜恭喜”地到报社上班。中国的风俗是：一到春节将抛弃一些工作，在大门外贴上具有喜庆词句的春联后，就沉浸在酒池肉林之中。

由于《英文楚报》重视纪实，拥有一定的读者群，发行量在1,500～1,600份，这作为地方报纸，其发行量已不算少。从每月的订阅费来看：直到1929年《汉口日报》、《汉口日日新闻》都只有80钱，而《英文楚报》在一开始，其包月的订阅费就是2圆，80钱的订阅费在当时内地看来已不算便宜，而2圆的要价不能不说是高价。

当然，从新闻价值的角度来看，《英文楚报》以每月2圆的订阅价格也并不算高，问题出在日本报纸在经营上一开始就存在着错误。现今的《武汉大陆新报》每月每份的订阅价格在2圆50钱～3圆，业内人士谁都知道，没有这样的销售价格底线，报纸很难维持下去。如果将价格强压到1圆50钱的程度，那只能靠广告来维持报纸的版面费用，即广告主替读者订户垫资。现今，日本在所有方面都积极推行新体制，为此，在新闻出版方面也需明晰读者、广告主各自应负担的费用，改变不合理的报纸销售政策，确定更加合适的销售价格。目前日本报纸与读者间已形成了一个错误的习惯，即每月的订阅费与报纸的成本不成比例，当然这样的情况不仅仅出现在日本报纸一家上，但从商业角度来看，毕竟这是一种亏损行为。现在的日本报纸的销售状况是：报社每天将便宜的（亏损的）的报纸送到订户的门口，而对特意前来买报纸的顾客以零售价格高价出售，之所以如此，主要是零售有一定的利润，可以补充订户的亏损。总之，在报纸销售量这个问题上，要依靠营销部的能力，不应放在预约读者（订阅读者）上。

在汉口要重视报纸的零售，据美国研究报纸销售的人员说：美国并不太重视定期包月的订户，而以零售为主要方向。报纸和读者的关系如同每天抽香烟的人与香烟的关系一样，只要养成习惯，在需要时，自然向路旁的摊点购买。基于此，美国的报纸除设置很多的零售点外，还请人沿街叫卖。如果是订户，报社不光每天早晨要把报纸送到用户家里，还要额外地送礼品等表示感谢。对订户尽管做到了按指定时间（早晨或下午）把报纸送到家里，在预定时还会出现要求打折、让利的情况。还有就算是订户离报社销售点很近，用于送报的人工费用也很

① 湖南先生：（1866—1934），日本秋田人，内滕湖南本名虎次郎，字炳卿，号湖南。他对19世纪90年代以来的中日两国的重大事件，如：甲午战争、戊戌变法、辛亥革命、五四运动都有过敏锐的评价。对当时的日本人的中国观及日本政府对华外交政策都产生过重要影响。年近40岁以后，他从新闻界转入新成立的京都大学，以一名没有大学文凭的非科班出身人员，担任京都大学东洋史学科的学术带头人，其后他著作甚丰、研究成果卓著，与狩野直喜等人创建了京都学派。

可观。如此想来，日本报社的报纸销售方式实在是值得考虑。与此相同，牛奶订户的情况与报纸订户的情况相类似，也有同样的销售问题。

上面所述，实在是有些跑题；现在还说《英文楚报》的事情。楚报的报社设置在沿现今的三教街和兰陵路的拐角、顺俄国俱乐部方向一直往前走的一所固定的楼房里。笔者曾在这所楼房的后面的二楼吃过饭，在那里可以回想起楚报的岁月，能够想象得到那持续到很晚的印刷机械的咔锵、咔锵的运转的声音。楚报的社长是约翰·阿齐博尔德[①]老爷子，现今已经去世。他是白人在长江沿线最早的开拓者，是位地道的中国通。他对独霸东北三省的张作霖说："我比你早四年来到中国！"此话着实让张吃惊不小。在大正十五年(1926 年)，阿齐博尔德已经 70 多岁，看上去非常苍老。他在 1920 年，写过《汉口今昔》一文，在此文里说："19 岁来到中国，在海关码头做事，自那时起一直到现在。"据此推算，他来到汉口大约 1875—1876 年之间。

在日本，很多人都喜欢读的巴尔·巴克[②]的《大地》，相当于这位作者父亲的宣教士从美国来到横滨，其后又来到中国，似乎让人感到这是很久以前的事情，屈指算来这只不过是 1885 年前后的事情。而这位楚报社长来到汉口的时间更早。阿齐博尔德以自己的经历在汉口白人间成为有地位的人物，对来自西方的白人起着一定的威慑作用，这也在情理之中。总之，这位楚报社长还是位值得尊敬的人物。自称在沪 30 年，至今在上海还十分活跃、围绕中国问题写下丰厚著作的卡尔·克劳[③]可以称得上是位老资格人物，但与第二代楚报社长、在汉口出生的哈利·阿齐博尔德相比，似乎还要略逊一筹。第二代楚报社长远离自己的故乡，生在中国、长在中国、甚至死在中国的白人现在渐次增多，他们密切接触中国人，与中国人共呼吸，他们所作的研究值得重视。

第七节
汉口的《昭文新报》

有关《英文楚报》的故事大致如前所述。再补充一点：由于楚报得地利之便和经营之法，报社办得很红火，大约在 1921—1922 年，现今的大楼落成，报社搬家到位于湖南路和北京路的地方。那时楚报的报社主要由参加了欧洲大战后，又回到汉口的哈利·阿齐博尔德负责。据说老社长是在返回欧洲的途中死去，

① 约翰·阿齐博尔德：根据日语"ジョンアーチボルト"音译。

② 巴尔·巴克：根据日语"バール·バック"音译。此人应是美国女作家赛珍珠，她的英文名是"Pearl Sydenstricker Buck"。曾获得过诺贝尔文学奖。

③ 卡尔·克劳：(1884—1945)英文名为"Carl Crow"，美国商人，在上海经营西式广告代理业务。根据在中国的所见所闻，写下 13 本著作。后来因"孙美瑶事件"而出名。

具体情况不是很清楚。

《英文楚报》一直延续到事变之后。当时路透社和楚报都在一幢大楼里，如同日本的《汉口日报》经营管理东方通信一样，楚报一直管理着汉口的路透社。大约在1922年年末，相对于英文系统的楚报，在汉口又发行了美国系统的英文报纸，其名叫《自由西报》。其工作人员几乎都是中国人，报社的地址在法租界的德领事街，同《中国邮报》一样，在从事报纸业务的同时也出版书籍。然而《自由西报》没有《中国邮报》那样严谨，其报纸的编辑风格完全是美式的，喜欢多用新潮的大标题的方式来表现内容，为此，受到年轻人的喜欢，在年轻人中间有一定市场，与此同时，不可避免地也失去了具有传统阅读习惯的读者。《自由西报》一直持续到日军进入汉口之前。原本本报大致上由中国人所办，在日军进入汉口之前，连人带物全部转移到了重庆，其后，此报虽说已搬到中国内地，但作为新闻报社来说，总能有所表现机会，从没有此报社消息这一点来分析，此报社可能不存在了。

有关报纸的话题从日文报谈到了英文报，以下该谈汉文的新闻报纸了。在汉口最早发行日刊的汉文新闻报纸是在清同治十二年闰六月，其报纸名为《昭文新报》，发行者为艾小梅。同治十二年距今已有68年，新报的活字为木板所雕，大小有十折，大约是188×254的开本，使用烟墨水印刷。在当时的中国文盲甚多，十人里有九人是文盲，如果到内地和乡间，识字的人就更少，为此，也就失去了办报的基础。况且，当时的商人都没有广告意识，也使报纸失去重要的经济来源。因为基础条件不具备，无论经营者多么殚精竭虑，无论投入多少资金，终究难以发展下去，之后不得已改为五日一刊，尽管如此，仍不景气，最后只能停刊。中国最早的报纸是上海的《申报》，当然，如上所述，汉口也有古老的办报历史。香港的《循环日报》算得上是老报纸，这份报是在同治十三年发行，比《昭文新报》晚一年。

在《昭文新报》停刊以后，基本上无人问津报业。到了光绪中期，中国外交接连失败，国民激愤，维新思潮高涨；由此民众要求办报，其呼声遍布中国各城市。汉口也毫不例外，由于"北清事变"八国联军进北京，就在庚子那年的冬天，江西人欧阳尊创刊《汉报》，请外国人经理报社业务；当时的中国官宪当局大多不喜欢新闻报纸，为此，欧阳尊只能假借外国人的名义办报。《汉报》面向各国领事馆，其内容除中国官厅的内容外，更多的是翻译外国的新闻；在印刷技术上使用活字和平盘印刷机。此外，《汉报》版面还有一些零散消息，但这些消息并非都是采访所得，有浓厚的个人主观色彩。因为得不到读者的支持，久而久之，此报陷入停刊境地。以上所述，来源于中国人所写的新闻略史，既然是《汉报》，可能与濑川总领事在书信里所写的宗方小太郎所创办的《汉报》是一回事。在略史里提到"聘请外国人做经理"，究竟是哪国人并不清楚。如果是宗方小太郎创办了《汉报》,在时间上有些对不上,庚子是光绪二十八年,也就是日本明治三十三年,濑川的信函是明治二十九年二月,估计当时宗方已在汉口,这封信是真实的。在时间上有些出入,可能写略史的中国人有些记错,《汉报》创刊那一年,可能不是庚子年。

第八节
汉文新闻报纸的受难时代

《汉报》停刊之后不久,汉口既济水电公司的经理宋炜臣创刊了《汉口日报》,宋无论在官场和商场都有很多朋友,在汉口是位吃得开的人物;后被湖北道台端方收买。此报聘请吴趼人为主笔。这位吴先生是位记者,他妙笔生花,以当时的官场大小人物为对象,写过揭露官场丑态的小说。在光绪三十一年至宣统这七八年间,汉口的大地主刘歆生创办了《楚报》;其后高友唐、舒礼鉴、朱铁夫等人又让《汉报》复刊。继之,郑南溪办《学政日报》,吴人凤、竹荪办《中西报》,汪康平办《鄂报》,湖南某位办《夏报》,贵州人宦海之办《公论新报》,詹大悲和湖南人何海鸣办《大江报》,此外还有《商务报》、《湖北日报》、《阜新报》、《译言报》、《新汉报》等很多报纸。这些报纸宗旨不一,五花八门:既有鼓吹立宪的,也有高唱革命的,还有奉承官僚借此升官的和传授赚钱之道的。然而,当遭到辛亥革命洪流之后,一切报纸都化为乌有。

从汉口新闻的发展过程来看:可将 1904 年至 1911 年这段时间,称之为汉口新闻事业的"初盛期",虽然很多新闻社在辛亥革命的枪炮声中和冯国璋的火攻中被迫停业关门,但在此期间还是有可述之事。首先说张之洞,他在中国的封疆大吏里属于热心于新事业的人物。当梁启超创办十日刊的《时务报》时,张之洞汇款 1500 两,以资支持报社发展;并从湖北善后局公款中支款,购买此报 200 部,送到文武官厅学校供学员学习。这在湖北省是首次由官方倡导阅读报刊。张之洞离开湖北之后,后任的赵次珊没有继承张的做法,到陈小石时代,新闻社遭到了破坏,即报社的灾难时代来临。北京政府针对新闻出版发布谕旨如下:"莠言乱政,最害民生。现已降旨,《官报局》、《时务报》一律停办。近闻在天津、上海、汉口等地报馆(新闻社)林立,藉此鼓吹邪说、谣言惑世而无所顾忌。为此,一应设法禁止。各督府衙门根据命令对所辖之地,展开调查;检举那些斯文之败类、不顾廉耻之记者。责令各地方官宪对此严密搜查、缉拿,并从重处罚。以此,肃邪说,靖人心。"①

随着以上谕旨降临,汉口的新闻社纷纷倒闭,然而只有大地主刘歆生所创办

① 根据日语翻译这段"谕旨"内容,没有核对原文。

的《楚报》免遭中国官宪当局的弹压。未遭弹压的原因是:《楚报》在特三区,即英租界内。加之《楚报》已在香港英总督署登记在册。由此中国官宪当局不便处理。然而,陈小师[①]还是找了一个借口,以《楚报》透露"粤汉铁路借款合同"为由,将《楚报》张汉杰逮捕。老板刘歆生最大限度利用人脉关系营救张汉杰,最终以《楚报》关门营业为条件,将张营救出狱,免去了张的死罪。

顺便说一下,笔者来汉口时,现今的江汉路,从中山路的十字路口到河端叫太平街,从此十字路口往北沿铁路方向叫歆生路。太平街是英租界和中国街的交界处。日本租界和中国街的交界处叫和平街(在此之前叫两国街)。所谓的"歆生路"就是以本地的大地主刘歆生为街名。刘氏在 1941 年 2 月,在法租界去世。

第九节
日华记者亲善时代

自刘歆生所办的《楚报》破产以后,汉口的新闻界越发不景气。然而,此时革命思潮风起云涌,有很多不怕死的革命者仍然利用新闻鼓动民众、鼓吹革命。高友唐所经营的《汉报》原本以某银行和钱庄为掩护进行发刊工作,后来俄国领事馆有诸多苦衷不予保护而导致《汉报》破产;《湖北日报》因为经常刊登一些讽刺漫画,借此讽刺当局而遭封锁,《大江报》的主笔詹大悲发表了《大乱是救中国的妙药》一文被夏口厅拘禁;其他诸如《商务报》、《江汉日报》、《新汉报》、《汉口风月报》等均遭封锁,其报社的主笔纷纷遭到逮捕。一时间,无冕之王,宛如丧家之犬,惶惶然,不知何处是归宿。直到辛亥革命爆发,新闻言论总算得到了伸张。

辛亥革命后,度过了一个短暂的平稳期之后,《公论日报》、《新闻报》、《中西日报》、《江汉日报》、《国民新闻》等,相继摆开笔阵向民众宣传自己的思想。如前所述,这段时间的新闻言论是非常宽松、自由的阶段。在武昌发生的事情,作为新闻很快就会被民众知晓,其新闻见报的速度也就是二三天,最多也就是四天的样子。其新闻报导主要是围绕军界和政界,偶尔也报导一些社会上的新闻,笔者曾对中国的记者说:"如果多刊载些社会民众方面的新闻,读者肯定喜欢。"而中国记者却不以为然地答道:"无论上海还是北京都不重视社会版,没有必要在这方面花精力。"如此想来,中国的新闻报纸还离不开"官报"的模式。民国九年,日本人结成"日本新闻记者团",其会员为《汉口日报》、《汉口日日新闻》、《湖广新报》、《电通社》、《商工会议所月报》、《鹤唳》的新闻记者,总共 13 名。这是在汉口最早组成的记者团。当时在陆军派遣司令部里,有担任参谋的板垣征四郎大尉,

① 陈小师的"师",可能是"石"的误植,与前文的陈小石是同一人。

他后来担任陆军大臣之职务晋升为将军。在板垣的建议下，日本记者团每月都召开一次例会，此外，还不定期地招待中国记者。因为考虑到中国人所讲究的“面子”，通常都是三三两两地分别招待中国记者；那时在汉口大小报纸共有20家，日本方面的值班干事无论如何也忙不过来，为此，不得不请中国人帮忙。

那时中国人习惯上将4页的报纸叫小报，将8页以上的报纸叫大报，而《江汉日报》有6页，既不是小报也不是大报，大致相当于中报。从报纸的规模来说，此报正好可担任与诸报的联络工作，《江汉日报》的社长身材矮小，热心于日中两国记者团的斡旋、联络。日本方面招待之后，中国记者出于礼节必定要回礼，日本方面出于同样理由还要邀请，这样一来担任联络工作的《江汉日报》社长每天忙得不亦乐乎。当时台湾银行落成之后，将这幢楼的三楼作为江汉俱乐部，就在这个俱乐部里召开中国记者招待会。那时，在汉口有电梯的大楼并不多，除台银之外，可能还有二三家。如果日本记者回礼招待中国记者，通常中国记者都希望选择有电梯的地方。其地点经常选择在扬子江宾馆楼上的楼外楼，当时楼外楼和新市场有电梯。这可能是题外话，当时物价很便宜，举办中日记者联欢会的费用，仅靠活动经费就可应付。一桌中国料理只要12圆，可招待八位以上的客人。如果规模在60～70人，加上40位左右的中国艺妓，大概有200圆就足够了。当时中国艺妓都以“吊”来结算，1圆银可兑换1吊400文～1吊500文，可以说很便宜。在当时有2家专门以艺妓为对象的小型花柳报纸并设有固定的记者，此报非常受从妓女子的欢迎。

在举办日中记者联欢会时，不可缺的中方人物是陈介；那时他是湖北外交交涉署的交涉员，其后升任为重庆政府的外交官。此人日语极好，几乎和日本人差不多，每当出席日中记者联欢会，他的用日语所说的口头禅总是：“我可不是官僚出身！”1919年国际上召开了凡尔赛会议，1922年，举行了“华府会议”，此后自1923年起，每年都要掀起排日运动。如此算来在1920—1921年间，日本与武汉的中国人的关系是最为平和的阶段，在此阶段日中记者间频繁出现联欢往来的状况。日中两国都是黄皮肤的亚洲人，中国方面也觉得日本人比西洋白人容易相处和交往。

第十节 白话报的泛滥和功绩

如上所述，汉口市民习惯上根据报纸的页数来区分大报与小报。当时民间对报社（报馆）的看法在汉口竹枝词里有所体现，所咏内容如下：

大报馆[①]

论说还须学识兼，
发抒政见贵针砭。
有无价值凭君取，
世上人人着眼帘。

小报馆

平章风月也风流，
又作歪诗号打油。
雪岭墨池随意可，
群芳争拜管城侯。

上面的诗在辛亥革命后三年，发表在《中西报》上，现今在上海和京津地区的白话报纸上，经常发表一些打油诗。总体来说，因小型报纸的打油诗别有风味，颇受市民欢迎。打油诗和竹枝词具有浓厚的风土气息，且夹杂一些地方的方言，为此给人一种滑稽、调侃的味道。下面再附两首对外国报纸的评论。

东洋报(指日文版报纸)

和界洋房另合群，
报章一律用和文。
近来论调关交涉，
决议何时有确闻。

英文报

报粉环球遍网罗，
电传消息贵无讹。
汉江亦有英文报，
都是西商购看多。

打油诗和竹枝词的诗人通过自己别具一格的视角描述了各种新闻报纸的特点。毋庸赘言，这些民间视角有值得研究的必要。大约在 1921 年，在汉口出现了"谈论时事"的类似于小型报纸的白话报。那时有一家时事方面的报纸叫《国民新闻》，其报社的地址在现今的交通路西侧后方的笃安里，在此报社周边聚集着"女郎屋"[②]。汉口的最早的白话报就在娼寮的氛围里产生。按理说，娼寮与报社应该是完全不相干的两回事，然而有两家报社就是出现在被娼寮包围的环境之中。在民国十年至十一年间，《国民新闻》的社长和官界搭上关系，好像当上了税务机关的主任，虽然做新闻没赚到什么钱，但他在税务机关却着实搞了不少钱，为此，没有必要再混在不体面的娼寮之间出报纸，在从歆生路进入模范区的

① 大报馆、小报馆，东洋报和英文报翻译汉语后，又核对了汉口竹枝词。
② 女郎屋：做色情生意的"娼寮"。以下以"娼寮"代替"女郎屋"。

拐角处,重新投资设计建造了一幢大楼。在汉口能有自己专用的报社大楼大概只有两家,除《国民新闻》社之外,还有一家外国报社。在此以后,马寅初所办的报纸在现今武汉报社的位置,改建一些房间成为专用的报社;再其后,在这里发行作为政府机关报的《武汉日报》。事变以后,《武汉日报》迁到了重庆。现今汉文版的《武汉报》的报社地址就是利用《武汉日报》的旧址。中国官吏的官署办公地点一直都是脏乱不堪,疏于管理,官员也是在脏乱的环境中办公。如果考察一下武汉报社的历史就可大致了解其中的缘由。

白话报依然在娼寮的环境中,虽说如此,所出版的报纸还是颇受市民欢迎,其原因是:报纸的文字浅显,只要识字者都能阅读;此外,其报纸编辑成半折4页,每份2文铜钱,价格也合适。报纸的内容虽尚不完备,但符合市民的阅读习惯,可以说为市民文化做出了很大的贡献。

第十一节
排日运动和汉文版报纸

上文所说的白话报在北京和上海都很畅销,主要还是薄利多销所带来的效果。在汉口新闻界仿效于此,小型新闻报纸逐渐发展起来。其后,有三四家报社为了促销,又进一步改版,将版面缩小,每个版面只有普通报纸4切那样的大小,每份报有4页。这样的小型报纸,既无专用的印刷厂,也无事务所;社长在自己的住宅挂上报社的招牌即可。报纸定稿后,委托印刷厂印刷,其印刷费用也不是很高。如果纸张自己出,油墨由印刷厂负责的话,按每月计算,大约需要120圆的出版费用。由于出版费便宜,其销售价格也很低。因为小报发行量大,且读者面广泛,求登广告的客户也很多。因为求登广告的客户太多,导致小报整个版面都是广告,只有版面中间1/6的位置刊载新闻纪事。

其后,发刊了1/4版的报纸,刊载大量对抗日本的言辞。"一·二八"事变以后,武汉所有的汉文报纸全部刊载谴责日本的报道。在上海《新生》杂志对抗日本,其社长杜重远受到日方的追查。此时在汉口又出现了《壮报》和《镜报》,刊载了强烈抗日的言辞。1923年在汉口新闻界是值得特书的一年,这一年在汉文版的报纸上刊载了有关"二十一条"的消息。从现今来看已不是新闻,即使披露出来也无太大关系。那是1923年5月初,在汉口发生了强烈的排日运动,起因是1915年5月,时任日本外务大臣的加藤高明指令驻华的日置公使与袁世凯签订作为"日支密约"的"二十一条"。这件事情对于中国来说是重大问题,然而,究竟有没有条约,即使有条约,其条约包含哪些内容,因为是密约,具体详情局外人不可能清楚,然而,中国的报纸向民众披露了认为是密约的内容,并且每年的5月份,都将认定的密约的内容印刷出来,向社会发表。学生们也将五七纪念、五九纪念作为每年的固定的排日的日子。1923 年这一年，排日达到了高潮，在中山路一带，把日本商品从商店的橱窗拉出来烧掉，抢夺搬运中的日本货物，在码头阻止中国人乘坐日清火轮，此外还举行示威游行，并且还发生暴行。有位日本记者在这年 8 月的一个晚上，大约 1 点多钟，在保华街海军医院前差一点儿被中国民众打死。

中国人所谓的六一纪念[①]也起始于这一年，他们动不动就搞国辱纪念日，在我们这些外国人看来，中国人很喜欢搞国辱纪念日，似乎没有什么国荣纪念日。在中国有双十节，然而在这一天挂国旗的都是些官厅部门，不知国歌为何物的小学校教师大有人在。在这种情势下，中国报纸对排日起着推波助澜的作用。在长沙日本侨民和帝国海军，面对如此群情激奋的民众，我海军陆战队采取了惩罚手段，因为这一天是 6 月 1 日，所以也叫“六一事件”。特别是长沙民众极为凶恶，在此之前，杀害日清火轮的大津来德，并将其尸体在长沙游街示众。五七纪念之后是六一事件，长沙、湘潭、常德、益阳、衡阳的侨民纷纷逃到汉口避难，此外，长江沿岸的日本侨民也到汉口避难，临时住在小学校的建筑物内。汉口的民众把商务总会[②]作为排日参谋总部。其排日运动日益高涨，到了 6 月底，又过了 7 月，排日的火头仍未消退，在汉口的日本商人只好自己寻找扑灭排日对策。令人遗憾的是日本领事馆对此非合法运动没有采取任何有效手段。

从长江上游来到汉口的日本侨民也无法返回，其后，中国官宪人员也向我们表示无奈，因为排日运动的领导者在爱国运动的名义下，巧妙利用报纸的宣传力量，极大地调动了民众的积极性。就在笔者病卧休息的地方，酝酿召开日本侨民大会，通过侨民大会的力量扑灭越演越烈的排日运动，为此与另外两位具体策划召开日本侨民大会事宜。具体方案得到了当时的《汉口日报》的记者兼电通支局局长的白仓清一郎氏的支持，在汉口的两家日文报纸也参与日本侨民大会工作，在大正会馆召开了一夜的侨民大会，推选血气方刚、已在法租界开业的伊达国手氏为侨民大会的会长。有七八位老青年热烈争辩，最后集中意见进行表决，最后的决议是：要求我帝国封锁扬子江，将汉口周围 10 哩作为占领保障区，并通过陈情员向帝国政府要员提出陈情。汉口侨民推荐阿部善三郎、小川爱次郎为代表（陈情员）、长沙侨民推荐山本勇吉为代表回国上京陈情。

这次侨民大会所推选的执行委员共有 11 名，执行委员商议的结果是：除委派陈情员赴东京陈述外，还需侨民以自己的力量着手打消这炙热的排日状态。拟采取针锋相对的做法，既然排日分子利用新闻大造声势，我方亦可依靠新闻与

---

① 1923 年 6 月 1 日，日本海军陆战队无故枪杀长沙市民而引发的事件。

② 商务总会：商务总会为办理商人事务的机构，在那时已将其名变更为总商会，其后更名为商会，日本的一些中国通都将此叫商务总会，现今仍如此，但商务总会这一机构现今已不存在。（本脚注为原著说明。）

之对抗。以其舆论的力量告知中国民众:排日的结果将会给中国带来危险!为此,要早日实行以舆论对舆论的宣传计划。首先要寻找和日本能够融通、在观点上和日本保持一致的中国报纸,汉口本地的报纸多为民众所熟习,与汉口本地的中国报纸达成协议恐怕很困难,为此,只能寻求外地报纸或重新办一份报纸。当务之急有两项工作要做:在向汉口的日本各商社摊派新闻赞助经费的同时,还要物色合适的中国人作报纸的负责人。此时,大家都认为中国人胡某比较合适;胡留学日本后回国,并娶了一位日本女子为妻,与日本有亲近感。与日本合作的这家报纸当然要秘密操作。当支付办报运营经费后,在1923年7月中旬出台的这份《××报》[①]开始运转起来。执行委员会的意见是:从情势发展来看,排日运动将是经常发生的事情。为此,办这份报纸不是权宜之计,而要永久办下去。今后不能因为排日缓和而取消这份报纸,若处于眼前利益、过河拆桥,取消这份报纸,就会造成从报人员失业,这既有违于发扬"日支亲善精神",又不符合日本的商业道德。总之,必须要长久办下去。

大体上在华的日本侨民,都得到了日本政府的援助,1918年原敬政党内阁[②]期间,在满洲的侨民都得到了日本政府的低利息贷款,在经济上受到了国家的庇护。青岛、济南方面的侨民,在"华府会议"后,守备部队撤走以后,也得到了国家的好处。而在长江流域的侨民,起始就各自依靠自己的力量发展。为此,即使在汉口排日的最紧张时期,也没有想借国家的利益维护自己的权益。上文所提出的"要求我帝国封锁扬子江,将汉口周围10哩作为占领保障区"的主张,其真正目的也不是想维护自己的权益,而是让国家展示皇国之武威,给排日之徒以震慑。作为应对排日风潮,提出舆论对抗,而创办报纸一事,也没有为国家增加负担,而是依靠汉口本地的侨民力量进行解决。笔者写到这里深为当时日本侨民,以及现今在汉口的一万侨民及日商的团结一致的态度而感动不已。

下面还说《××报》,经过准备《××报》根据自己使命开始行动。笔者曾将这份报纸的宣传内容剪下来,作为资料保存起来,然而随着事变爆发,所有保存的资料都丢失了。当汉口的所有汉文报纸都目标一致地对准日本时,只有这份报纸持相反意见,陈述排日不可能的缘由。如此针锋相对,不可能不引起排日者的怀疑,无论多么小心保密最终还是暴露出来。当时在法租界有《中西报》和《正义报》,有一天在《正义报》的一个版面的下半页,以2号活字披露了日本方面的排日对策实行委员会的组织内容以及《××报》与日本人有关系的人员名单。虽然对此我们早有准备,知道早晚会有这一天,但还是感到非常吃惊。然而,到了

---

① 《××报》:因为这份报纸保密,为此,著者以《××报》代替。

② 原敬:日本第19代内阁总理大臣。在1818年9月29日—1921年11月13日的日本内阁。因为在内阁里除陆军大臣、海军大臣、外务大臣外,其他大臣都是"立宪正友会"的党员,所以称原敬内阁为政党内阁。

第二天，看见《正义报》之后，更加吃惊，不但上文所说的内幕消息原封不动地刊出，在其报纸的下首还有一份“声明”，说明受某爱国人士的委托所发出的公开信。此后，持续一个半月，《正义报》不断曝光此事，按照中国人的话说，将此叫做爱国行动。

第十二节 大地震与汉文版报纸

上文说到在汉口的日本侨民为缓和排日关系，创办了汉文版的宣传报纸，由于《正义报》的曝光，而使《××报》处于艰难境地。正如日本谚语所说：“睁眼千人，瞎眼千人”，社会上有许多懂道理的人，也有不少不懂道理的人。《正义报》将我日本内幕披露出来之后，意外的是其他汉文报纸未作激烈反应，加之社会上也有人对学生的过激行动看不惯，当时的报纸所言虽说是爱国行动，事实上并没有得到声援。鉴于此，《××报》没有马上解散的必要。在一部分中国人中间，特别是在知识阶层，面对高涨的汉文报纸的排日热潮，也很想看一下其他的站在对立面的报纸的反应，都说中国人没有对比批判的眼光，看来实际上也并非如此。然而，《××报》还是违背当初创办时的计划，不得不停刊解散。其主要原因是在这一年的 9 月 1 日，在日本的关东地区发生了亘古未有的大地震，日本首都全部被摧毁。此时，首先是美国发出了尽可能援助日本复兴的建议，汉口的排日派，在美国宣教士的倡导下，发起了募捐活动，以此援助日本灾情；然而令人完全不可思议的是排日的领导者在为日本募捐的同时，依然指导排日派进行排日运动。其实在日本侨民里也有复杂的矛盾心情，一方面，要求我帝国封锁扬子江，将汉口周围作为占领保障区，另外也不得不感谢排日派的为日本的募捐行为。我们经常听到大国胸怀，实际上并无具体感受，然而在现今这种排日的情势下，能做出如此举动，切实地感受到了大国的胸襟的含义。

说到此处，作为插曲不得不谈另外一件事，也可以说是与此相反的一件事。1931 年夏天，汉口发生了历史上罕见的大洪水，整个长江流域全部泛滥，其中汉口尤为严重，汉口在水中浸泡长达 40 天，当浸水逐渐退去，在汉口特一区和日本租界能够行走时，爆发了满洲事变；日本认为满洲事变与水灾是两回事，尽管汉口侨民对从天而降的洪水持幸灾乐祸态度，但日本本土还是向汉口灾区赠送了救济金和物资，然而却遭到了汉口的拒绝，如前所述的日本关东大地震时的日本态度与其后的汉口长江大洪水的中国的态度相比较，似乎中国国民也没有什么大国胸怀。

自关东大地震以后，汉口的排日运动处于断断续续、时有时无状态。《××报》解散之后，有的日本同仁担心胡社长等一些与此报相关的工作人员会失去生活来源，这实在是东洋的君子之心，《××报》解散后，胡社长等人自有合适的去处。说起胡社长还有一个小插曲，先插一句话，凡嫁给中国人的日本女子几乎没有例外，其婚姻都很不幸，嫁给胡社长的这位日本女子就是其中的一位。胡其后虽然还和日本人有来往，但却抛弃了和他生了几个孩子的妻子。胡的妻子抱着小孩儿，带着怨恨住在日租界的一个简陋的房间里。“四三事件”以后，中国人非常仇恨日本人，日租界里的日本妇女小孩儿无法和中国人接触，为此都撤回日本本土避难。胡的妻子乘避难船返回长崎后，身无分文地病倒在长崎的旅店里，多亏长崎的青年团长给与帮助和安置。笔者随第三次避难船回日本，担任居住在长崎的由汉口返回日本的困难侨民的救济工作，接受了青年团长的访问，话题里谈到了胡的妻子卧病，母子需要照顾的情况。很多日本女子嫁给中国人，虽然在物质上得到一些实惠，但没有家庭上的温暖，致使精神上遭受不幸，处于进退维谷之间，这样的例子我知道很多。不过被胡社长所抛弃的妻子的境遇是最为不幸的一个例子。还有位日本女子嫁给白人，其境遇也很不幸。这位白人是某国医生，在事变以后，武汉陷落，一直住在亲仁会的房子里；在“四三事件”时，这位白人将已有四个小孩儿的妻子打出家门。多亏日本人同情给口饭吃，没有饿死。这次也随避难船回到长崎，其后返回了在长崎乡下的老家，据说生活得非常艰难。笔者在1927年春至夏这段时间担任过对日本侨民的救济工作，我所得出的结论是：日本女子绝对不能嫁给他国人！

第十三节
日文周刊与吉福四郎的故事

前面讲述了1923年前后日文版、汉文版的新闻报纸的情况。笔者在这一节里想谈一下关于日文周刊《中支那》的事情。《中支那》这一日文周刊，大概相当于《鹤唳》的后身，但其经营者和经营宗旨都有所不同。《中支那》与吉福四郎这样一个男青年有关，那么，就先说一下吉福四郎。吉福大约在1909年来到汉口，在此之前的情况是先就读于旧外语学校，日俄战争期间，在海军省当书记员。日俄战争结束后，想要找点什么事情做，于是来到了满洲；他外语基本功极好，无论英语还是汉语不需查词典，都能翻译；此外，好像在其他方面也很有能力。到满洲后，又去蒙古一年半左右，在蒙期间，学会了蒙古话。其后，他的足迹遍及中国的北部、中部、南部等20余省；由此，他对中国的国民性和地理知识都有深入的体察，达到令人佩服的程度。令人意外的是，他在宜昌从中国人手里买了一座煤窑，但他生就浪人性格，并没有以煤窑为基础增加财富，或继续扩大利权，而是仍旧热衷于地理考察，他在三峡（西陵峡、瞿塘峡、巫峡）地区考察两年，对这里的地理风土可谓相当熟悉。在三峡生活之后，终于得到了能为帝国海军效力的机会，庆幸的是由此结束了他不遇的生涯。笔者介绍这份周刊,颇费周折,还没有进入正题,或者说离正题还远,就有许多插话;然而,我觉得只有如此,才能弄清事情的原委。

说起来,此人还与长江三峡航线图有关。1901 年初,法国军舰"奥里号"①在英国领航员卡普特·布朗②的引航下由宜昌溯江到重庆。卡普特·布朗为了打通宜渝的商用航线,使火轮能够通行,费尽苦心、专心研究,终于完成了峡江地区春夏秋冬一年四季的长江水文资料和火轮航行路线图。而布朗的研究成果则是在瑞典人利德鲁③花费半生心血对重庆航线进行充分研究的基础之上完成的。布朗不光是有才能的领航员,还有商业眼光,他设计了具有特别构造的火轮,以此专利说服一位四川人,建立了川江轮船公司;自任船长,用自己设计制造的"蜀通号"火轮在川江营运,这一年是 1909 年,也可以说是宜渝航运的开始。日本进入川江航线得益于以鼓吹劳动经济学而出名的渡边熏美的天华洋行和日清火轮公司,那是 1922 年春季丰水季节时的事情,算来至今已有 15 个年头。

在利德鲁开创自己火轮公司前,还有一位外国人,他就是卡普特·布朗,曾 10 余年间,上下于三峡之间,他像与世隔绝的山猿,在悬崖峭壁上攀援,在绝壁上用油漆做记号,并绘制宝贵的航运图。当布朗带着航线标识图来到汉口,向怡和洋行分公司的负责人加恩·马蒂松④游说,说明峡江航运的巨大经济效益时,怡和洋行分公司的负责人,对此嗤之以鼻,毫不理睬,认为在峡江通行火轮简直是痴人说梦。布朗非常气愤,下决心以自己的力量开拓峡江航线。由此诞生了川江火轮公司。之后布朗记住此恨,下决心不把自己的航线图给英国人看。当日本帝国军舰伏见号准备溯江到重庆,详细了解了峡江的开拓史,认为航线图是关键,当研究如何解决航线图这一问题时,吉福提出可以向布朗借用航线图。吉福和布朗曾同在山峡过着山猿的生活,在艰苦的环境中两人肝胆相照,结下了深厚的友谊。如果是英国人他不会借,当吉福提出借用时,布朗爽快应允。当吉福将此航运图交给日本海军军部后,海军军部立刻动用所有力量,用了两天两夜的时间,将此航运图复制下来,这就是我帝国海军宜渝航线图的来源。有关此事,后来吉福向笔者这样谈道:"布朗如此爽快地将宝贵的航运图借给我,而我并没给布朗什么礼物,海军军部只给了我两箱汽水,让我交给布朗。有没有啤酒记不清楚,可能没有啤酒。"

吉福对帝国有很多功劳,起码这个航线图就最早来自吉福之手。前文已述,吉福来到汉口之后,曾在《湖广新报》当过总务,之后在由《汉口日报》所管理的

---

① 奥里:根据日语原文"オリー"音译。
② 卡普特·布朗:根据日语原文"キャプテン、ブラント"音译。
③ 利德鲁:根据日语原文"リットル"音译。
④ 加恩·马蒂松:根据日语原文"ジャーデン·マジソン"音译。

《东方通信》担任无线电报的翻译，再后，辞去了报社的工作过起了浪人生活。怪才月海所办的《汉口公论》停刊之后，暂时没有周刊；吉福接此事业，在汉口侨民的支持下，创办日文周刊《中支那》，这已是1925年的事情了。

《中支那》经吉福之手发行，他的合作伙伴是木村浩太郎，吉福以厚重的中国知识为特长，增加周刊的底蕴；而木村则以轻妙的花街柳巷的趣闻逸事吸引读者，两人是很好的合作伙伴。这位木村在事变前，在帝国某机关担任谍报工作，1937年7月末，汉口侨民尚未接到撤回的命令以前，他已受到中国官宪当局的注意，汉口特别市党部的特务自不必说，汉口的警备司令部、警察署都注意他的行动。卢沟桥事件爆发以后，像我们这些新闻记者之类职业的人似乎感到要有一些麻烦，果然有秘密警察之类的人突然跑来调查问题，笔者越发感到周围紧张的气氛。

这还是木村未预感到危险之前的事情，有一天，一个男子来访，自称是张学良行营的录事，他突如其来地说："张学良的十五六名便衣人员潜入汉口，你们一定知道这些人的下落，快点儿告诉我们！"当笔者回答不知道时，来人又指着他的名片说道："请不要见怪，我是有身份的人，请放心地把知道的事情告诉我。"我回答说："的确不知道，无法告诉你。"这个男子回去后，第二天晚上又来，这时，一边指着信，一边对我说："这封信是满洲国桦甸县某位写的，信中的意思是：据北京的情报，在汉口的《日日新闻》的内田知道这件事。"对此我这样解释：的确有些传闻说张学良的便衣队来汉口，但我确实不知道具体情况。这男子过了三天后又来，对我说："你不透露消息，我们也没办法。我在武昌，具体地址都在纸上写着，如果有情况写信告知我们。"像这样晚上突然前来查问，已经让人感到很不舒服了，如果在盘问中再加进："这里是不是便衣队的联络处？便衣队都干什么？"就更让人不知所措了。1937年7月底，木村急匆匆地连我们都没告诉，就逃到了上海，这时身边的气氛已让我们感到不安和恐惧。1937年8月10日，笔者在上海吴淞路和木村见了一面；木村一边吃着面条，一边说："在此地连生活都成问题，我们还是去天津。从现今的情势来看，从上海去天津根本不可能，只能随避难船先回长崎，然后再从门司到天津。"然而，当第二天会合准备回长崎时，木村看到日本难民人数急剧增加，然后对我说："似乎在上海要发生更大的冲突，我想目击一下这里的情况，再回长崎。你在长崎等我，我们俩再一起去天津。"我理解他的心情，于是我乘船离开上海。船虽然离开上海港，但还是无法前进，8月13日出上海，中途又返回到吴淞海面，在吴淞海面等待时机变化；终于在15日起锚，16日到达了长崎。这时，通过同盟电报得知：川村喜久雄早在前些日子就已死去，而木村也在敌机轰炸中死去。这是事变以来，最早死去的两位汉口报界同仁。木村若是和我一起随避难船离开上海就不会死，也可以说他是不想避难而死的。

回想起来，故人木村在发刊《中支那》时，实在是工作勤勉，与吉福配合得也相当默契，对开12版的周刊发行非常顺利。开始由我供稿，之后运营有些困难改为8页。第二年，北伐军进武汉，加之共产党活动频繁，各印刷厂都发生长时间罢工，这个周刊不得不停刊。1928年以后，木村独自经营此刊，因为读者面窄，仅供为数不多的汉口日本侨民阅读，由此，发刊成本增大，刊物运营逐渐陷入困境。经日本商工省驻在员西川喜一氏从中斡旋，将《中支那》转让给了当时住在日本租界、在简陋小店打着经营药品招牌的一色忠慈郎。尽管一色努力工作，但此刊并无起色。终于在1931年停刊，至此以后再无日本人办周刊。

第十四节 舆论宣传机构的泛滥

前文所谈的是与日本人有关的截止到事变前的汉口舆论机构的情况。归纳起来就是：汉文版报纸3家、日文版报纸2家、日文版周刊杂志2家，此外还有日本商工会议所月报1家，因为商工所的月报办报的方向和目的与上述报刊不同，实际上，汉口的报刊只有7家。令人感叹的是：汉口的汉文版报纸其兴也快、其垮也速，就像樱花盛也匆匆、衰也匆匆。汉口的报纸最多时大约有40余家，通讯社大约有50余家；并且都集中在汉口。总而言之，所谓武汉三镇，汉阳是工业区，除铁工厂、兵工厂等工厂外，并无城镇之感受，自然就没有报纸存在之必要；而武昌则以教育和官衙为主，既没有一家剧场、也没有一家报纸。从海关码头到武昌的汉阳门码头上需要30分钟，下需要15分钟。建设厅航政局的运输船非常便利，无论什么物品只要在汉口办好，送到武昌就行。民国已经三四年，舆论机构仍没有在武昌出现。武昌既没有花街柳巷，也没有剧场、电影院；作为单纯的教育之都应该说是很合适之地。

报社之所以在武昌办不起来，主要基于省当局的考虑，可能当局认为没有报纸的舆论宣传对官衙更有利。而在汉口尽管文化并不十分发达，却有50多家报社，这不能不让读者惊讶。如若探究其原因，不外乎在中国的各方势力都想有自己的话语权，新闻泛滥可以说这是这一时代的特殊产物。例如：旧军阀时代的湖北省督军实际上就是“湖北王”，拥有绝对的权力。在中国，从表面上来看，司法权是独立的，然而实际上根本无法与握有实权的权力者抗争。督军已然有此绝对权威，自然没有设置新闻之必要；然而，督军的下属机关部门对于新闻还是不可缺少，其作用除用于自己内部传递消息之外，还可以对非自己系统的舆论起到钳制作用，如若对方发表不利于自己的言论时，可利用自己的新闻报纸对其反击，达到令其缄口不语的目的。为此督军下属的各机关的权力者都拥有属于自己的舆论报纸。此外，在商界方面有地位的大商人也拥有自己的报纸。至于通讯社，也如同报纸一样，由于不需要特别筹备和预备资本金，一时间涌出很多家。

这些通讯社巧妙地发表评论，阐述自己的观点。这如同日本过去的“三号杂志”、“十号新闻”①一样；只不过在中国比日本的情况更加灵活和不稳定。一些雇佣报纸明显地具有代言作用，表达着报纸主人的意愿，与报纸的主人同进同退的性质。假如报纸的主人从社会上引退，那么这份报纸也不得不消失，与前所述的《湖广新报》也有与此相类似的原因。

另外，再谈“虚衔”问题，王占元、肖耀南都曾是湖北督军，而吴佩孚想在职务上位于督军之上，为此，为他设了一个“四省巡阅史”的官职，实际上这是一个虚衔，根本无法节制湖北督军。在中国所谓的“虚衔”颇为流行，甚至对报业里的日本人也有所影响。有的日本人被中国的某机构授予了“顾问”的虚衔；回到日本说起来，似乎多了一些资本，实际上，这都是虚荣心所使然。如若切切实实行顾问之职务，当然会有一定的意义（对本人、对日本国家等）。如果与此相反，仅因为某某是汉文报社社长，而为其设顾问之职，往往违背报人之宗旨。本人起初对顾问之职的意义并不是完全了解，也曾为有此职务而得意。由于这个原因，即使是日本人所办的报纸往往在不知不觉之间，与汉口的某关系部门或人物产生想甩也甩不掉的恶缘，如果深层次来看，汉文报纸无论大小几乎都与某某当权者产生关联。

现今在汉口巷间还可见《武汉指南》，这是民国二十二年发行的报纸，当时已成立了南京政府，此报常常有违于中央意思。那时通讯社也受到了一些限制，但总体来说新闻报道、文化舆论方面还是比较发达；统计起来，仅在汉口一地就有123家新闻报道机构。具体情况是：日刊报纸52家，三日刊报纸6家，周刊杂志13家，半月刊杂志3家，还有每日发行的通讯社49家。如果对这些报刊、通讯社细致分析一下，如前所述也都是某权力部门和人物的雇佣报刊，为此，这些报刊并不能报道出别具一格的新闻内容。自昭和八、九年（1933、1934年）起，这其中大多数的报社受到当局的严厉干涉，即，渐次走向言论不自由的时代，并有逐渐强化控制舆论的趋势。

再谈一下汉口这50多家报社中的汉文报纸的内容。从整体来看，汉口的汉文报纸的内容大多转载上海、北京、天津等地的报纸新闻；报道汉口本地的消息的内容通常只有一页左右。各家报纸大多都设有文艺栏，其小说、诗歌的内容大约占半页乃至一页的程度。小型的白话报，充分发挥起“白话”特色，在其文艺栏上多刊登打油诗之类的诗歌，呈现出面向市民的特色。新闻报道主要涉及政界和军界的内容，一般不报道什么社会情况，有关火灾、杀人之类虽是民众关心的新闻，但都不作深度解析，仅以4号标题简略报道之。这样的新闻处理方法与明治时代的《万朝报》的“三面纪事”非常相似。长久以往，汉口市民对报纸所产生

① “三号杂志”、“十号新闻”：读者和资金都无法保证，无法稳定发刊的杂志和报纸，是新闻业内自嘲的行业间的用语。

的印象是政治宣传的代名词，其社会版就是以“笑话”为主，我也认为事实大致如此。那么在政治版面上是否能够发表记者自由、快捷的评论呢？这一点如前所述，在新闻报道方面，新闻报纸背后的权力者，都专门聘请顾问和秘书等，大多由他们来执笔，然而这些顾问和秘书必然会有所顾忌。

日本新闻报纸的经营政策或曰新闻观是可以批判、反对当时的内阁，并将此作为新闻存在的第一个条件。在中国，新闻报纸出现之初也有与日本相类似的观点，但经过辛亥革命12年左右，情况有了变化，特别是吴佩孚当上四省巡阅史之后，对汉口的新闻报纸内容进行严格检查。就连吴佩孚从洛阳来汉口这样的消息也不能明确报道，要使用“三水的各商人不知何日来鄂”这样的隐晦语言。所谓的“三水的各”，就是暗隐的“洛”字。在报纸上提到“兵”字，有时也犯忌讳，一般要用“丘八”来代替；所谓“丘八”就是“兵”的拆字。自民国十二三年开始，当局对新闻逐渐施加压力，为此，在记者中创造了这样的类似于隐语的拆字。此后又经过三四年，蒋介石完成了北伐，建立了南京政府，随即也发布了新闻法；然而这个新闻法比以往任何时候都加强了对新闻的控制。对新闻社更是采取封锁的政策，即使是没有被封锁，也绝对不能对政府进行宣传报道。自民国二十三四年起，当局强化政府机关报，一些小报纸更加遭遇严格控制。在这种情势下，报纸的编辑形式也与过去30余年的情况有很大不同，一改过去的旧套的编辑形式。

此时报纸的编辑形式主要体现在：其一，过去作为“笑话”无足轻重的社会版得到重视，被称为专刊、副刊，甚至出现了被称为特辑的新闻版；并且还出现了运动栏和教育栏。在此之前，采用地方通讯社的报道时，在其报道事项的末尾，加以括弧，其内以“甲乙丙丁戊”注明新闻报道的价格等级。甲500文、乙大约是400文的样子、戊为铜币10钱[①]。因为所有的排日文章都附有“铜币10钱”的字样，所以日本报纸把排日文章叫做“10钱”，加以讽刺。随着民国政府对新闻报纸的改革，也取消了在每篇文章后面都附着价码这样的不体面的记号。

在事变前，汉口的汉文新闻报纸主要有以下几种：作为政府机关的《武汉日报》、军事委员会方面的《扫荡报》、汉口特别市党部的《大同日报》等，分别站在自己的立场上宣传自己的主张。《武汉日报》和《扫荡报》都是10页～12页，使用不同号码的铅字，印刷效果非常美观。《中央通信》确定最终电报的时间多为午夜2点，以此发布当天的来自南京电报的消息，因此说《中央通信》所发的消息都是最新的新闻，编发《中央通信》的编辑们常常工作到黎明。《扫荡报》需要下午2点印刷，在时间安排上非常紧迫。很多新闻小报取消了来自午夜1点的新闻，然而市党部强制要求各家小报必须报道《中央通信》的消息，若不报道，则取消小报的发刊资格，各家小报则有口难言。

---

① 铜币10钱：日语原文为“銅貨十仙”，“仙”是晚清的西洋货币单位，英文为“cent”，译为“分”，是“$”的1/100。在此暂且译为“钱”，可能与“铜钱”的“钱”不是一个概念。

1937年8月7日，汉口接到了日本侨民返回本土的日本政府的命令。就在那一天的上午，笔者向武汉日报社支付了三个月的《武汉日报》的订阅费，并要求将报纸寄到日本的指定地点。就在这一年的8月20日以后，《武汉日报》减少为4页，其主要原因是由于事变停止了纸张进口，出于节约而采取的措施。一个月之后，《武汉日报》送到了我在日本的住所，当时上海激战未停，真不知道通过怎样的途径，历经怎样的周折，才将报纸送到我的住所。

在此我还要补充一家前文没有提到的大约在1934年发刊的汉口的《大光报》，这是张学良在武汉的机关报，是有着10个页面的大报。然而在热河事变[①]以后，此报处于不稳定状态。这家报纸的记者大多为东北的落伍者和来自奉天、哈尔滨一带的新闻工作者。这家报纸外表看上去还比较体面，然其发刊的内容没有多少新意，主要是采用南京政府所发表的新闻，此外还有综合湖北本地各家报纸内容的综述。其中有一个叫做"大光别墅"的特辑版面，虽然说不上精彩，总还有些特别之处。在这个版面里，着重记述张学良在西安事变之后，所面临的困境。后来因为刘多荃所率的东北军转移到陕西，在武汉地区基本上已经没有东北军的旧部，为此，张学良的机关报也就没有存在的必要了，最终导致停刊。

以上就新闻话题已经谈了很多，现就其未尽之处再做一些补充，就要收尾了。总体说来，在汉口按月订阅报纸的客户并不是很多，通常是沿街叫卖销售比较快。当然《武汉日报》可另当别论，此报可通过当局的权力，强行摊派给各官厅的官吏，再由这些官吏逐级分配给下属部门。根据摊派的份数来收取每月的订阅费，当然由此也可产生固定的读者群。对有看报习惯的日本读者和汉口的官厅读者来说，以订阅的方式比较好，如果像每天早上买香烟那样去买常看的报纸反而不方便，除此之外的报纸的销售形式就是零售店或沿街叫卖。通常在报纸的一角都注明报纸每月订阅的价钱，然而在零售时，根据销售报纸小贩的不同，常出现高出报纸所规定的价格去销售的现象。日本读者认为既然报纸每月的价格已确定，零售就不应该抬价，而报纸的零售商则认为日本人不近人情。

汉文版的报纸几乎没有按月订阅的读者，为此只能依靠零售销售。在街上常见小贩边走边喊："新闻报！新闻报！○○新闻报！"向行人销售报纸。在汉口的知识阶层一般都不会早起，如果在早晨听到大声叫卖的声音非常反感，自然就难做成生意。汉口的商人大约在上午10点左右才有闲空坐下看会儿报纸，此时向商人叫卖报纸效果很好。在汉口一些体面人物，都起床很晚，大概下午1点左右才起床。上午报纸的叫卖声大约集中于一些固定的地点，下午的叫卖声可能正是午睡阶层休息的时间。总之零售小贩沿街叫卖，没有固定的地点，在现今的汉景街到五族路一带，隔几米就有一个卖报的，卖报者大多是十多岁的小孩儿，

① 热河事变是日本帝国主义侵略热河省及其周边地区一系列事件的总称，其时间是从1933年元旦的榆关事件到5月31日《塘沽协定》的签署。热河事变是九一八事变的组成部分。

声音响亮，其吵闹声非同一般。其卖报声大约要持续到傍晚的5点左右，在傍晚5点还有卖“朝刊”报童，日本人对此很不理解，更有甚者还有叫卖前一天剩下的报纸。

民国九年，在汉口出现了小型的晚报，其报名为《汉口晚报》。卖报者的吆喝声即不是晚报也不是夜刊，而是“晚班报！晚班报！”。其他报纸大约卖到晚上9点钟，而晚报出现以后，卖报的声音会卖到更晚，直到半夜还会听到“晚班报！晚班报！”的叫卖声。说起来，武汉市民对晚报并不是很喜欢，在汉口一些街道都有路灯，大约可以达到在路灯下能看报的亮度。但汉口市民没有在路灯下看报纸的习惯。在日本因为秋夜很长，为此，一些书店利用这一点广泛宣传：“秋夜正是灯下读书的好时光。”其意思是在气候宜人的秋夜，在灯下读书是很惬意的事情。从日本的房间设置来看，在榻榻米上放置火盆，其电灯也安置在火盆附近，这样在火盆边，看些娱乐杂志和晚报类的报刊成为生活习惯。而汉口的中国人的房屋设计不适合阅读报刊。另外，说是晚刊，而实际上报纸叫卖已经到了半夜，恐怕叫“夜刊”更合适，由于不合汉口市民的生活习惯，这份晚刊报纸大约持续不到一年就停刊了。

自此之后，有很长一段时间没有出晚刊，在民国二十三四年，又出现二三家晚刊，也是停停办办，销售一直不好。为此，各家报社都采取不定期的发“号外”的形式促销，抓住某一事件加大发行量。另外，在汉口也经常出现一些不知来自何处的油印的号外。民国二十一年汉口发大水，就在这一年，爆发了满洲事变，这都成为汉口的号外的主要内容。还有西安事变时，汉口小贩、报童齐出动，沿街叫卖与此事件有关的号外。大声用武汉方言叫嚷“蒋介石在西安……”，我只听懂前面的意思，不知其后蒋介石在西安做什么。

那时当局鼓吹新生活运动，街头卖报的小贩的叫嚷声有碍市容观瞻，对其进行限制。特别是在西安事变期间，报贩到处叫卖，可能因为在叫卖声夹杂着其他的宣传语言，当局规定只要超出新闻题目以外的内容，就要受到警察的干预。自此以后，边读解新闻内容边叫卖的卖报现象就绝迹了，据说那时有很多跑街卖报的小贩都受到了警察的呵斥、盘查。再其后，发生了事变，日侨接到命令撤回本土，有关南京的宣传消息也就不得而知了。总之，响应建设新秩序，积极先走一步的报纸有《武汉报》、《大楚报》、《江汉晚报》这几家报刊。

第十章

汉口神社

第一节

关于日本神社的选址[①]

11月3日是汉口神社秋祭的日子。现今在汉口已建起了日本神社，日本侨民在汉口终于有了祭祀先祖的地方。汉口神社究竟建于何时？据前文提到的濑川总领事回忆，1885年，日本在汉口设立了领事馆，第二年的1886年，建立了汉口侨民前驱的聚集地乐善堂，其后，又经过10余年，汉口侨民的开拓者藤原银次郎[②]来到汉口。之后是义和团之乱和日本的日俄战争，由此进入大正时代。第一次世界大战之后，在汉口的日本侨民大量增加，总人数在3500人以上。此时并没有神社，只有日本西本愿寺[③]到汉口办的分寺，地点在今天的二曜路的小巷里。

1922年，根据华府会议协议，中支那派遣队撤回，在其地址上建立了侨民运动场，此时，在侨民中提议建立汉口神社并筹集到了一些捐款，然而并没有开始建设，只是在沿公园的东面的沟渠，预定建设汉口神社的地点上打下了标志界限的木桩。当时为什么神社没有施工？原因之一，当然有资金上的问题，然而更为主要的原因是神社建于日本租界地之外，存在对神社不便保护的问题。一旦有排日暴徒[④]亵渎神社的神域，日本侨民必然以死进行保护，这样就会酿成更大的骚乱，在建设神社之前，必须要有一个稳妥的方案。在连年不断的排日骚乱中，世事物转星移，横暴一时、非合法[⑤]的武汉共产党悄然退潮，返回到日本本土的日本侨民又回到了汉口。在1927—1928年间，汉口同仁会的事务长，就有关在汉口建设日本神社问题在报纸上发表了长篇文章。笔者认为：这位事务长所持的

---

① 本章原来没有小标题，为阅读便利，标题为译者所加。

② 藤原银次郎：(1869—1960)，日本的实业家、政治家。战前曾是日本三井财团的中心人物之一。“王子制纸”的老板，后成为贵族院的议员，米内内阁的商工大臣、东条内阁的国务大臣等。

③ 西本愿寺：1272年创建于京都东山。是日本京都最大的寺院，为日本佛教净土真宗本愿寺派总寺院。

④ 这是作者对武汉抗日民众的污辱语言，本节还有其他与此相类似的使用敌对的用语情况。

⑤ 这是对共产党的污蔑之词，由引可以看出作者的反共立场。

观点甚为肤浅，在汉口建神社并不是一件简单的事情。由此，我以“玉串币八郎”的笔名，在报纸上连续三天，针对这位事务长提出了反对的意见。神社建设论者当然不会服气，仍然坚持他们自己的见解。

在我的反对论里，为了阐述反对的理由，我引证了一个前不久发生在青岛的由建青岛神社所引发的事件。所谓的青岛神社事件起始于 1927 年，当时从胶济沿线到青岛驻扎着担任警备的马文龙部队。当时马的部下经常穿着沾满泥土的鞋进入神社的拜殿和神殿，一些血气方刚的日本人认为：“日本神域怎能和中国的祈求现世利益的怪模怪样的中国神相并列、做同样对待！”于是，导致守护神域的日本人与马文龙部下的摩擦，进而产生争斗。当时正值排日风潮兴起之时，痛恨日本人的马文龙部下强行要求青岛总领事馆制裁当事的日本人，总领事馆鉴于当时的紧张状态，秘密地帮助两个当事的日本人逃到了大连，躲过了中国兵的追捕。处于这样一个时代，如果在日本租界地以外的地方建神社，凡有长久住在汉口体验的日本侨民都会感到麻烦。

又过了几年，作为建立神社反对派的我又成为建设神社的支持者，毋庸赘言，随着时间的推移，日中的情势发生了变化，我借此机会将这段时间的事情再陈述一下。汉口的日本侨民在事变前有两个俱乐部，一个是日本人俱乐部，另一个是亲交俱乐部；日本人俱乐部的成员主要是在汉口拿薪俸的日本人，亲交俱乐部乃由在今年春天去世的森田安太郎所创建，本俱乐部的会员为在汉口的饮食店、料理店、杂货店等的老板，总之多为在汉口当地的定居派。日本人俱乐部的会员有退会和入会的规定，而亲交俱乐部的会员，被戏称为“万年会员”，其会员资格是固定不动的。

第二节
关于建立日本神社的时机问题

记得那是在 1933 年的年底，亲交俱乐部召开年终晚餐宴，我被邀请并以“神社建设论”为题作了演讲。我记得当时演讲的主要内容如下：

我敬神之虔诚，在日本侨民中恐怕不会落在他人之后。我曾是神社建设的反对派，还曾以“玉串币八郎”的笔名在报纸上发表作为反对派的观点。然而时至今日，形势已发生了变化。从南京政府的政策方针来看，对我日本的态度有了转变。连年的非法的排日运动，终于可以以 1929 年 4 月 8 日为界限画上句号。眼下，冀东政府仍然坚持排日为合法行动，然而发生在汉口的水杏林事件最终以非合法行为画上句号。所以说，在汉口建立神社已是时候，神社的建立对于日本侨民的日常生活来说，是非常必要的，对此我有亲身体验，我的长子出生后的 33 天，按照我家祖先传下来的惯习，要去到神社参拜，然而在汉口没有神社可以参拜，我的长子出生后第一次低头想表示敬意，但没有找到尊敬的对象，这让我感到非常凄凉。其后长女出生时，已在汉口总领事馆建立了震武馆这一道场，在这里供有明治神宫[①]的分灵，我提出请求想带女儿祭拜明治神灵，担任警备的负责人警部补[②]对我说："正在用毛巾在神灵前擦拭，请稍候。"记得当时我出席了这个道场的落成仪式，当时任总领事的高尾训示说："这个道场不要让中国人踏入一步，道场的清洁和擦拭工作都由署员担任。"为了我和小孩儿祭拜，要给领事馆的署员增加很多麻烦，我很过意不去，就婉言谢绝了。此后第四个小孩儿出生的时候，因为没有神社，只能空留遗憾。东亚海运的中西君对我说："可以为我请一座金比罗神像[③]，将此神像供奉在我居住的屋顶上。"我考虑让妻子抱着孩子，登梯到屋顶去供奉很不方便，就婉言谢绝了，至此，我的几个小孩从出生到现在都没有拜过神灵。我们的小孩一出生，首先所拜的是世间的俗人，将拜神置于俗人之后，这有损于神灵对小孩儿的保护，也使我们大人感到没有尽到对小孩挚爱的责任。现今在日本租界地内，还有一块空地，一定要在那里建一座安奉神灵之所神社。

当述完以上想法之后，在座的梶冢说："你明天早上和我一起去找满水总领事，和他商量建神社的事情。"我听后欣然同意。我们最初的设想是：只建一个神殿，规模小一点都可以。随着规划的不断深入成立了"民团立"，并准备常设神职。委托同文书院的斋藤先生回日本迎请神社的神职人员。还想在东京聘请休职的陆军大将、中将作为神社的奉侍。斋藤先生事后对我说鉴于汉口神社面积，不可能满足侨民的所有要求。

尽管如此，终于在 1925 年春，建起了神殿，恭请了天照皇大神[④]、神武天皇[⑤]、明治天皇[⑥]这三柱神；于 1925 年 2 月 11 日，举行了创建镇座祭。自汉口有日本侨民以来，经过 50 年的努力，终于有了博风高耸的神殿。其后的一些事情，可通过神社境内的"缘起"解说，来了解创建过程。现今一些侨民说汉口神社的区域狭小，事实也的确如此，现今兴亚俱乐部、2600 年事业用地[⑦]、运动场等的土地都

---

① 明治神宫：明治神宫坐落在东京都涩谷区，于 1920 年 11 月 1 日启用，是供奉明治天皇（于 1912 年过世）和昭宪皇太后（于 1914 年过世）灵位的地方。是日本神道的重要神社。

② 日本警察法所规定的位于第七级的警衔，相当于"班长"。

③ 金比罗神像：在日本香川县有金比罗宫，作为海神崇拜，是日本信仰的保护神之一。

④ 天照皇大神：日本的"天照大神"。是日本神话中高天原的统治者与太阳女神。她被奉为今日日本天皇的始祖，也是日本神道教的最高神祇。

⑤ 神武天皇：日本历史上第一任天皇，传说是天照大神的后裔，将公元前 660 年 1 月 1 日确定为建国纪念日。

⑥ 明治天皇：日本第 122 代天皇。在位时间是 1867～1912 年，在位期间通过"明治维新"，将贫穷落后的日本，变成了军事强国，并通过战争获得了巨大财富，奠定了日本的国际地位。

⑦ 2600 年事业用地：在日本帝国主义膨胀期，将公元前 660 年 1 月 1 日作为日本纪年的开始，2600 年，折算成公元年，就是 1940 年。"2600 年事业用地"也就是 1940 年的日本在汉口的计划用地。

在我日本人手里，我想在适当的时候，可以在汉口建设更加宏大的神社境域！

汉口的日本神社[①]

① 汉口日本神社的图片来自：http://news.sina.com.cn2005－07－14

第十一章

江汉中学

1942年11月1日，江汉高级中学举行开学20周年典礼。在武汉的日华要人都参加了这个集会。松尾总务就本校的沿革作了如下报告，先择其大要概述如下。

江汉中学于1921年开工建设，1922年开学。1922年3月，聘请前湖北省主席何佩瑢为顾问，同年4月9日，东亚同文书院[①]开学。1926年6月，中华民国发布教育改革令，将学校改为董事会制，根据民国学校法将江汉中学设置为6年制的学校，初中3年，高中3年，由此也将学校的名称改为江汉高级中学。1931年夏天，汉口发大水，江汉中学也受到损害，一直停学到1932年8月，在此期间修理校舍。1932年校舍修理完毕，8月份招生，9月1日开学。这种状况一直维持到事变前的1937年，事变后的1937年8月，学校的3名日本职员撤回日本。其后组成董事会，何氏为董事会的董事长，经营到1938年6月。1938年10月26日日军进入汉口，学校的校舍被军部征用。1941年5月军部将校舍和校园还给校方，于本年的10月1日复课。1942年6月总务部长因病回国，8月将杨揆一提为董事，9月份开办了留日预备班。眼下征得了与学校相连的土地1万坪[②]作为运动场。本校的沿革大致如此，因为天灾人祸对本校发展造成了一些阻碍，无疑这是令人遗憾的事情，所幸的是：在学校发展过程中得到各方面人士的援助，在"日华共存共荣"的方针下[③]，发展到现今的程度。

听到以上回顾，抚今追昔，让我想起同文书院创立时，学校周边的情形；放眼窗外，经过20年的沧桑变化不得不让人产生感慨之情。距今20年前，在今天江汉中学一带，位于司令部的后方，所见的建筑物，唯有一家寺庙而已，在司令部与古德寺之间没有一家房屋。只是在铁道附近往东，沿现今的鄂北公路向黄陂方

---

① 东亚同文书院：同文书院是日本在1901年创立的以进行"中国学"研究为专务的高等学府。本书院组织历届学生对中国进行了长达四十余年实地调查。在1901—1945年间，东亚同文书院的学生五千余人先后参与调查，旅行线路700余条，遍及除西藏以外的中国所有省区，内容涉及地理、工业、商业、社会、经济、政治等多方面。本书院的院长为根津一，请参看本书24页的脚注。

② 坪：日本的面积单位，1坪＝3.306平方米。

③ 1937年12月21日，日本内阁提出"日满支共存共荣"的对华政策，其目的是麻痹中国人民，削弱抗日斗争的意志。

向的沿线的路上有一些零星的茅屋。古德寺孤零零地建在田地中间，这座寺庙也不是现今所见的大伽蓝，而是小平房而已。在面对古德寺的方向，建起了江汉中学，这样就更加显得古德寺在远远的一处孤岛上的感觉。因为周围没有什么房屋，如果去同文书院，就感觉到要去很远的郊外一样。

那时，在现今的××一带驻扎着日军的一个大队，本地的中国人把从日租界西端到日军驻扎的地方叫"东洋营盘马路"，只有这条路才让在汉口的日本侨民感到亲切。沿着这条路往前走，前面有一个岔路口，从岔路过去就是通往同文书院的路，当然走这条路就会给人陌生的郊外的感觉。那时鸭川设想在"东洋营盘马路"的两边建起住宅街，如鸭川当年的设想，现今这条路已是住宅相连了。在1928、1929年以后，逐渐沿黄陂街方向建起了半农半商的建筑物，在鄂北公路可见行驶的汽车。

任何城市发展大致都如此，表现在市郊不断扩大上。近20年来，汉口市的北郊向外扩展了很多。在日本租界的西郊商农也发展起来，这虽是自然发展之趋势，但这里面仍有作为开拓先驱的同文书院和鸭川先生的作用。鸭川在同文书院的西面建起了红屋顶的建筑群，他在自己的住所挂起了"自我庵"匾额，来访的客人不是按门铃而是扣木鱼告知。他虽经排日骚扰、共产党的虐待[①]，现今仍然悠闲健在。但那时的鸭川建筑群，特别是延续到日本公园门前的一条街道的沿街建筑至今已片瓦无存。昔日的同文书院改为现今的江汉高级中学，在为日华文化沟通作着贡献。

白人先驱者在向恰和村的拓展上做了很多工作，而日本侨民在向这一带农民传播文化的同时，还向本地农民传授日本的蔬菜栽培法和日本水稻栽培技术，并获得了收获。

① 其措词表明了作者的反动立场。

第十二章

日本侨民的火葬、教育及孕妇生产

第一节 日本侨民的火葬[①]

在今天的早报上看到为大家所熟知的、无论与公与私都勤勉努力的××去世的讣闻，为此感到震惊和沉痛。我想早晚我也要加入其中，登上带黑框的汉口新闻报纸的版面上吧，每当看到这样的黑框，就不免摸一摸我的颈部，人们为生存而竞争竭尽努力，其实最终都要走向他界这一步，由此我不禁感慨起来。近松门左卫门[②]有首辞世歌："浮世光阴如梭，我可能还有二年的时光。"一生文笔敏捷、留下丰厚著作的大文豪近松大概以52岁的年龄离开了人世。

这位关西作家在将走到生命的终点时，似乎看到一层石塔迫在面前，终以52岁的年龄惆怅地离开人世。以现今的卫生设备和医学发达的程度来看只能说是夭折，让人感到遗憾。

现今在汉口若有丧事，毋须担心；可按照丧葬礼仪处理即可。然而，在汉口侨民的初期的拓荒时代，丧葬乃是让人困扰的一件事。笔者曾对早期的汉口侨民的丧葬情况作过调查，在1904年前后，汉口侨民若遭遇去世，乃是非常麻烦的事情。现今中国民众仍有回避火葬的风俗，在当时火葬更是难以推行，当然这其中还存在着缺少火葬设施的原因。当时，如果有侨民去世只能将尸体运到汉阳归元寺进行火葬。在中国普通民众回避火葬，而作为世外人的和尚自古以来一直实行火葬。归元寺时至今日仍然如此，在寺庙的墓地旁设有两座火葬窑，据说在早年间只有一座。

在日俄战争时，汉口当时的物价很便宜，但日本人在归元寺火葬价格比较

---

① 标题为译者所加。

② 近松门左卫门：(1653年11月22日—1725年1月6日)日本江户时代的剧作家，原名衫森信盛，近松门左卫门是他的笔名。他从25岁前后开始写作，直到72岁去世为止，共创作净琉璃剧本110部、歌舞伎剧本28部。在日本文学史上，近松与同一时代的井原西鹤、松尾芭蕉并称为"元禄三文豪"。著者根据一首诗推测近松的去世年龄为52岁，并不准确。

贵,大约要花费 100 块银元。当对其花费实际调查之后,就会觉得归元寺的丧葬收费并不是很高了。日本人火葬大约至少要有 10 多人前去送葬。火葬完了,直到拾骨后返回,很花时间;大约要在归元寺住一晚或二个晚上。这期间,每天三次,寺院都要提供精细的佛家料理,这肯定是一笔开销。此外还有 20 多位僧人,从尸体进窑,到拾骨为止,昼夜不停围着火葬窑,转着念经。即中国佛教丧葬的礼仪是在尸体火化的过程中都要念经,还要负担丧葬的僧侣和吊唁的日本人的三天法事伙食。前面所说的 100 元丧葬费将饮食、布施、念经、燃料费等都计算在内了。总体来算,在 3 天时间里,有 30 多人的开销,大致每人每天 1 元左右。

这样的火葬方法在汉口侨民间,一直延续到 1907 年。1907 年这一年,大谷光瑞猊下[①]来汉口,在汉口设立西本愿寺布教所,从这时起汉口侨民去世可以听到日本僧人的诵经声了。"治外法权"被撤销以后,对日本人的课税权转移到了中国方面,这也是早晚要到来的事情。对此应该说没有什么值得困扰的问题。

第二节
日本侨民子女的教育问题

还有一件事不好解决,中国方面不好办,日本方面也不好办;如果完全委托给中国方面当然是件省心的事情,然而,事实上还有一些困难。这件事中国方面、日本方面都想做,若单靠一方都有不易解决的难点。这就是在华的日本子女,即日本第二代的教育问题。此事之所以难办,主要在于日本文化与中国文化不能等同起来,这其中存在着差异所致。即,现今中国方面的小学(相当于日本的国民小学)尚不能担任教育日本子女的责任,假定退百步说,就让日本小孩儿进中国的小学学习,面对语言不通的老师,也不可能达到任何教育目的。

日本子女在美国也曾遇到过类似的问题,所幸的是日本方面做出了一些让步之后,达成了协议。各国国民的初等教育都有具体存在的现实问题,然而在各国的通商条约的七、八条,也可能在第十二、十三条里,有关于丧葬的条文,即:"各国侨民有权按照自己本国习惯办理丧事。"无疑这个条款体现了宗教自由精神。然而,更为重要的教育条款,在各国的通商条约里都没有记载。

总之,在通商条约里宗教是件大事,而关于儿童教育却认为不是什么大事。起源于欧洲的所谓"国际学"、"外交史学"在不断地强调下完善起来,然而令人遗憾的是这其中不包含对未成年子女的教育问题。未成年人也是国民,在条约的条文里,理所应当地包含这一部分内容。既然未成年人是国民,在成长为国民期

---

① 大谷光瑞猊下:(1876—1948),日本西本愿寺的第 22 代法主。10 岁剃度,日本学习院毕业。1898 年与贞明皇后的姐姐结婚,与日本皇家结亲。1913 年出任中华民国政府顾问。其后长期留在中国,在上海郊区建无忧园,设置电台,从事间谍活动。

间的教育问题就应该是条约里不可或缺的重要内容。如上述，有关丧事作为条约里的一项条款，对未成年国民的教育问题却不涉及，这不能不说“国际学”有所欠缺，具有着尚未完善之处。这就是30年前，有关日本儿童的教育状况。

现今南洋自不必说，就连遥远的农业国巴西，即：凡是日本侨民集中的地方都存在创办小学校的问题。简言之，初等教育也应如同按照本国宗教习惯举行葬礼一样，按照本国的教育方针对未成年的国民进行教育。将来大东亚战争完成之后，由此为全世界带来了和平局面，到那时，再与世界各国签订条约时，有必要补充在国外日本侨民子女教育方面的条文。

初等教育首先存在教育经费问题，特别是侨民数量很少的情况，筹款就比较困难。日本侨民基本上是少量地分散在中国各地，凡有子女的侨民都存在这样的困扰。在40年前，汉口侨民的草创时代，对子女教育是怎样进行的，继前文的丧葬之后，再谈一下这个问题。

自日俄战争的前两年起，在汉口的日本侨民就开始不断增加；但那时都是大人，虽然有很多夫妇在一起，并没有小孩儿；因此，也就不存在对子女的教育问题。因为都是年轻夫妇，其后避免不了小孩儿接连不断出生。先出生的小孩儿，每年见长，不管有没有学校，小孩儿照样长大。为此，通常所采取的办法是只有将小孩儿送回日本本土，委托自家亲戚照顾。如果小孩儿大一些上中学或女校父母还可以放手，如果是七八岁的儿童着实让父母放心不下。

侨民们就是在这种困难之中，迎来了1907年。这一年西本愿寺法主大谷光瑞猊下同夫人寿子（皇太后陛下的姐姐）到中国旅行，探查历史古迹；在去陕西古都西安的途中，在汉口停留。与当时的水野幸吉领事商量之后，决定在汉口设置本愿寺的布教所。1907年6月从日本本愿寺本山派遣开教使井上慈旷夫妇、田中哲严师傅三人来汉口。大谷光瑞猊下在汉口买下了一块土地，其位置在日本租界与兴亚俱乐部门前，由怡和村向前的南侧一片广阔的土地，当时还没有地面建筑，临时租借位于德租界华景街的三栋楼房，开设了本愿寺的布教所。每星期天进行传教活动。作为附带的事业开设了日语学堂教授中国人学日语，开设了英语学堂教日本青年学英语，日本人学童课堂针对日本小孩儿教授日本小学课程。井上慈旷先生是东京佛教大学出身，井上的妻子是大阪府立女子师范学校毕业，田中哲严则是龙骨大学出身。对于汉口侨民的小孩儿来说，能请来井上的妻子这样的师范专业出身的老师，实在是幸运。三位老师分白天和晚上两班授课。正式开学授课的时间是1907年9月1日。当时日语学堂的中国学生21名、英语学堂的学生18名、日本小学校儿童23名。将这些分布在五个年级的学生安排在两个时间段上课。

1908年，在汉口建立了日本侨民团，与此同时在汉口建立了汉口日本侨民团团立明治普通高级小学。于是水野总领事与本愿寺协商，将本愿寺的日本小学转到明治小学。本愿寺的日本小学转走后，本愿寺的另外两个学堂继续开课。总之，汉口的本愿寺小学设置时间没有像上海本愿寺小学那样长，不过这是在汉口的第一所日本小学。本愿寺小学在开设当初只有 23 名学生，其数量不能说是很多，然而在 1927 年以后，长江沿线的日本侨民撤退时，来自重庆、宜昌、长沙、九江、南京的日本小学儿童还有 20 多名，如此说来，在华的日本儿童绝不是少数。不管在何处，侨民在开拓当初，子女教育乃是颇受困扰的一件事情。回想起来，在明治小学设立之前，大谷光瑞通过本愿寺小学解决了侨民儿童受教育问题，这一善举可以说是汉口侨民的大恩人，值得汉口侨民铭记；同时大谷光瑞也可以称得上是对华的开拓的前辈。现今本愿寺的建筑物仍然在二曜路的小巷中。

第三节

丈夫为妻子接生

以上讲了汉口侨民在开拓初期日本儿童受教育的情况。下面再说一下，没有接生婆接生，日本妇女生小孩儿的事。如果按照生命的顺序应该先说生产、学校、婚姻、寺庙，教育与死亡的问题在前面已述，放在现在的篇章里谈生小孩儿，似乎论述事情的顺序有些颠倒；不过本书原本就想以“丛谈”的方式来讲述过去，这样显得轻松随意一些。所谓“丛”就是“搜集”，而“谈”则含有“讲故事”的含义，“丛谈”就是将搜集起来的故事讲给读者听。在日俄战争之前，在日本侨民间并没有接生婆。在汉口本地虽有接生婆，但由于接生习惯不同，总感觉不太满意。为此，如果在侨民里，哪位妻子的肚子大了，那家的男主人就会着急而坐立不安。不过，家里的男人还是会安慰女人：在日本的神话时代，我们就有“鸬鹚草葺不合尊[①]”的故事。过去我们日本民族的女人在生小孩儿时，不需要让别人帮忙，自己走进产房去生产。现今有我在你身边请尽管放心。如果我忙不过来，我已和朋友××，还有××都说好了，他会根据情况过来帮忙。如果是难产我们就去叫神保军医。

在生产的过程中，如果是顺产，那么皆大欢喜，从中也表现出丈夫敢于接生的勇气，对妻子来说，在自己生产时，能有丈夫在身边作陪并得到他的帮助也是极大的安慰。其实丈夫所说的朋友有的还在远隔千山万水的日本，妻子要生小孩儿，说请朋友帮忙也仅是一种安慰而已。而丈夫的朋友也会笑着答应说：“既然如此，为了到时候不慌张，还是要提前做一些练习才好。”如果丈夫的朋友就在

① 鸬鹚草葺不合尊：日本神话的神，神武天皇的父亲。“鸬鹚草葺不合尊”的母亲在生他时，让他的父亲用“鸬鹚”羽毛建一个窝，怎知这个窝还没建成，他就出生了。作者用此故事说明，女人生小孩是很自然的事情。

附近，这位朋友就会感到有压力，因负有沉重的责任而笑不出来了。当朋友的妻子开始阵痛，丈夫在妻子旁边帮忙，当出现紧张情况，丈夫实在忙不过来时，这位朋友就会跳进产房过来帮助。在日本本土妻子要生小孩儿，丈夫基本帮不上什么忙，只能着急地转来转去。这是因为有助产士的原因。而在汉口侨民的草创时代，丈夫就要冷静地担负起为妻子接生的责任，正因为如此，也出现了比接生婆做得还好的例子。

在汉口很多侨民的丈夫都为自己的妻子接过生，作为其接生的成果，就出现了如前所述的23名小学生。后来，日本在汉口建立了气象所，由三浦负责气象所的技术工作。当我来汉口的时候，三浦和他妻子已多子多福，有了五个小孩儿；这五个小孩儿都是三浦一人接生，并没有烦劳接生婆等人。三浦性格稳重，做事稳妥实在令人佩服。当时在中支那派遣队有位英语翻译名叫宫崎，此人目中无人，似乎天生就是为说别人坏话而降生，从来没有听他表扬过别人。然而唯独对三浦赞赏不已，经常挂在口头上的一句话就是："三浦这家伙，真有能耐！"如果继续追问："三浦有什么能耐？"宫崎就会接着说："这家伙，他妻子生小孩竟然完全不靠别人。"说起三浦的沉稳，还有一件事。大概1920年，他调到中央气象台工作。1923年，关东发生了大地震，中央气象台因地震而燃起了大火，他披着淋湿了的被子，跳进起火的气象台大楼，将一些重要书籍资料抢救出来，因此受到政府的表彰，这件事我是从当时的报纸上看到的。

最后，我想问现在的青年朋友们，当你的妻子临产时，你有勇气为她接生吗？时代已变，在现今有很多助产士，当然再也用不着那种类似于沉着的野蛮勇气。但是在1902年前后，草创期的日本侨民的青年们所发挥的无畏的开拓精神我们是不应该忘记的！

第十三章

市政街今昔记

四年前，笔者曾以"武汉街巷小史"为题，在报纸上分70回，讲述有关汉口市的街名。之所以撰写"武汉街巷小史"一稿，主要由于笔者走遍武汉各街道，在踏查中催生了我对武汉街头文化的兴趣。另一个目的是：在撰写"武汉街巷小史"时，正值事变后不久，很多刚来到武汉的日本人对武汉街道还不够熟悉，此文还可帮助刚到武汉的日本人增加对武汉街道的兴趣和印象。由于编辑上的原因，断断续续，中间还停了一段时间，笔者的愿望是无论如何也想把这个"街头漫记"写完，终于借此著述机会可对武汉的市街再做记述。

先说市政街，按照日本的说法，将官厅所在办公地点的前面的街道叫做市政街。以此为概念，也将汉口市政府办公地点前面的街道叫市政街。汉口市政府原办公地点在汉口商业银行的建筑物里，事变以后的1938年春，武汉成立了治安维持会，市政街的称谓就是在这时候出现的，武汉的市政暂时由治安维持会来管理，在维持会的管理之下，汉口的战后经济渐次走向稳定，在这时成立了武汉市政府，其市长由华北政务委员、转任过天津市长的张仁蠡担任。在其后，决定将武昌与汉口的市政分开，在武昌组成湖北省参议府，在汉口成立汉口特别市政府，汉口特别市管辖汉口市内及其后张公堤以内地方的市政。在此之后又出现南京政府还都、湖北省参议府取消、湖北省政府建立等变迁事项。

在现今的市政街的称谓以前，以阜昌街来指代市政府的所在地，阜昌街由来已久，自英租界建立以来，就有这样的街道名称。在20多年前，英租界已被回收，作为第三特别区管理局这样一个机构来管理这块地方。在新的时局之下，这个第三特别区管理局的董事会已没有存在的必要，为此，将阜昌街改为市政街。据说阜昌街的"阜昌"原本是俄国一个大茶商的名字，阜昌街因这个大茶商住在这里而得名；原先这里有一幢大楼叫阜昌洋行，现今这座大楼已不在了。

新成立的汉口特别市政府仍然在汉口商业银行的建筑物里办公，但房屋的产权仍属于汉口商业银行。汉口商业银行为中国财界人士所办，它是一家以营利为目的的公司，管理这家公司的中国财界人士都是善于利用运营资本进行赚钱的商业人士，据说其运营资金通过大楼抵押而获得。总之，新成立的汉口特别市政府的办公场所是借用汉口商业银行的营业场所，属租赁性质。汉口商业银行重新选定四民街的一栋平房持续银行业务。此处汉口商业银行的财界人士以低利息吸储，在事变前，相对于山西财团定期存款的一成利、浙江财团定期存款的八分利，此处的商业银行仅以六分吸储，以此发了财，建设了这栋大楼，这栋大楼于民国二十二年，也就是昭和八年建成，现在还相当新。在汉口的中国银行大楼大多建设于1928—1929年之间，在此之前，都是利用现有的各色房屋进行银行业务。

第一节 汉口街道的历史[①]

中国现代城市的街道的历史，特别是汉口街道的历史最早可追溯到辛亥革命后，即，进入民国至今这33年，如果将这33年划分时间段来讲述，大约可划分为四个阶段，本书所谈的巷史也是据此而展开的。第一阶段为民国元年至民国八年，即汉口市在明治四十四年(1911年)的辛亥革命中，其市街几乎全被烧毁。在今天的江汉路以西，从中山路到汉水沿岸的繁华旧城大半被烧毁，成为荒野。其间所残留的建筑物无论大小都受到损害，也就是说没有一栋是完美无缺。战火之后，自民国元年的早春，开始了城市的复兴建设，就在当年，中国街几乎恢复了原貌；在汉口的外国人，见到此状无不为中国人的复兴能力感到震惊。此后，又过二年，也就是民国三年的夏季，塞尔维亚一青年的一声枪响，导致了世界20余国的大战，也就是我们常说的欧洲大战。日本随即出兵山东，终于在民国四年，从根本上扫清了德国在青岛的势力，然而德国仍活跃在中国的中部地区的商业战场上。各国人都趁第一次世界大战所带来的景气，废寝忘食地赚钱，这其中最受惠的还是中国的华商。在此期间，中国的华商不光在新式银行的领域得到发展，旧时的钱庄也比以前有大幅度增加。民国七年，由于中国也参与了世界大战，由此高悬在汉口德国领事馆的象征威廉一世家族的展开翅膀傲视长江的双头大鹫被中国青年敲碎打坏，所有的德国人全部被遣返回国。

此后不久，欧洲大战结束，民国八年，召开了凡尔赛和平会议。如果问这个欧洲的会议与汉口市街有何关系，从后来的事实来看，不能说没有关系，应该说有很大关系。凡尔赛会议以后不久，陷入了经济恐慌；汉口的商业也发生了异常变化，由此华商必然会受到影响。在此期间，在汉口不可能再建新兴银行大楼，各银行的金融急务就是千方百计从北京政府取得兑换券的发行权，然后，尽可能地多发兑换券。于是造成市面上的通货膨胀。那时，在汉口的市面上流通着几十种纸币，泛滥着几十种彩票，每月还有几十种彩票等待开票，并将此作为代金

① 标题为译者所加。

券送到各省。与大战时期景气时代的商品汇票几乎等值的一种叫做“富签券”的汇票通过银行和钱庄在市面流通。将此时代叫做进入民国之后的巷史的第一期。

在第一期这个阶段，在汉口拥有自己的建筑大楼、能在自己的大楼里营业的中国方面的银行主要有中国银行、浙江银行、浙江兴业银行这几家；其他一些银行如前所述都是因陋就简利用现有建筑物从事金融业务，从外表来看没有银行的样子。那时日本银行的情况是：正金、台湾两银行先行一步进入汉口；民国四年，住友银行也在汉口设置了分支机构。正金银行所在的位置没变化，依然在英租界的河街，也就是位于前面所说的市政街的出口处。台湾银行也在市政街，位于现今日本人俱乐部的对面的拐角处，沿拐角往前走，有两栋相似的楼房，其中一栋是台湾银行，另一栋是武林洋行。也就是说，日本的三家银行中的两家都与市政街有关。住友银行在江汉路和鄱阳街的拐角处，在瀛华洋行这栋大楼里进行商业活动。正金银行很早就在河街建起了气派的大楼，在此之前，汉口的码头地带还没有显眼的高大建筑；诸如作为东亚海运前身的日清火轮会社这样的大公司也在现今位置上的一栋中国式的、布局非常局促、天井低矮的二层楼建筑内办公。正金银行建成以后，不光在船码头地带，在整个汉口也非常醒目，让中国人惊叹不已。

然而，在正金银行建成以后，在河街地段接连建起了现今可见到的具有恢弘气势的花岗岩基座的汇丰银行、花旗银行等建筑。在这些建筑物的比较之下，正金银行从汉口第一建筑物的王座上跌落下来，相比之下显得有些寒酸。鉴于这种情势，于 1919 年，在江汉路（当时的太平路）建起了现今所见的大楼，原来在市政街的台银就搬迁到这座大楼里。银行一贯以外表气派、内部装修华丽为特征，为此，也有对正金银行的陈旧外观重新修整之必要。位于市政街今日出口处的大厦是进入昭和（1925 年）以后建立起来的。市政街上的正金、台银与第一阶段的关系如上所述，总之，市政街与银行关系密切，还有其他事项可述，在此，暂且告一段落。将第二阶段做一下鸟瞰式的介绍。

第二阶段从时间段上来说是民国八年到民国十五年。从民国八年到九年初，虽然经济危机告一段落，但各国在汉口的商社都在缩小经营规模，淘汰从业人员，有些外国人已返回本土。中国国内旧军阀之间争斗不断，排日运动高涨，甚至出现每年季节性的排日运动。然而无论多么出于排日目的而抵制日货，还没有出现在一年之间完全不买日货的情况，华商的商业基础就是和各国商人做生意。从事银行的金融业者还是不断扩大营业，新建营业楼。位于现今市政街中央的一幢大楼就是在此期间所建的属于中孚银行的一个营业所。现今的大陆坊与大陆银行有密切的关系，大陆坊的住宅就是在中孚大楼建成之后建立起来的。因为中孚银行的资本中有相当一部分是中国北方军阀注入的资金，民国十五年，蒋介石北伐时，财界也受到很大的震动。当时武汉在吴佩孚的辖制之下，吴的军队在汀泗桥一战败北，由此不得不退出湖北，这些属于北方派的银行的财政根基也因此受到动摇。

从前有的外国人说中国银行谈不上商业信誉，存款之后，提不出来，纸币变成了纸屑。日本有的经济学者及新闻杂志记者，听到此评论后，借题发挥，一年四季大书特书，发表很多类似的言论，直到现今仍有这样的记者。记者们文笔相传，日本本土的杂志记者甚至提出了这样的论点："中国银行虽然高利息，但并不坚实；最后破产的是钱庄，而不是银行。"如果有人提出相反的意见时，日本本土的记者马上就会站出来以"中国银行无信誉"为依据进行反驳。其实提出这样的"中国银行不可信论"的观点，是没有根据的一个说法，就汉口来说，你能举出由于"商业不信而倒闭"的银行吗？如果有这样的中国银行，你的观点可以成立；如果没有，只能说你的观点建立在人云亦云的想象之上。如此没有事实根据地对中国的银行进行评论，只能说是对汉口银行的状况不了解所致。日本学者、杂志记者为什么对中国经济不做深入分析，其原因是凡中国事情都觉得不可思议，都觉得无道理，为此，无论何事都从先入之见出发，随自己主观发议论，或者不加鉴别地介绍欧洲人的说法，久而久之大家都信以为真，分析起来，出现"中国的银行不可信论"的言论大致就是出于这样一个原因。在武汉大小银行有四五十家，按照日本本土记者的想法，应该一家接一家地倒闭才对，事实上并没有发生这种情况，中国人听到"中国的银行不可信论"观点，只能增加对日本人的反感。

以前太田正孝①、船田中氏等六七位学者来汉口考察，那时，笔者与太田先生就中国银行问题进行了交谈。我问太田先生："在上海是否听到了有关武汉银行的什么消息？"回答说："正因为没有听到什么消息，所以才过来了解一下情况，汉口的中国的银行如此支付高利息吸储，肯定会在什么方面能够返利。为此，我想看一下汉水沿线的各银行的仓库。"太田又说："我正在研究世界各国经济，对中国这部分还不了解。"之后，委托笔者搜集汉口各银行的章程，在其后，笔者将搜集到的资料送给了太田。上面的例子说明：连饱学的经济界的业内人士太田博士都说对中国经济不了解，可见了解中国经济的人应该很少，但是从现状来看对中国经济大发议论的人却相当多。实际上中国银行与日本评论的结果正相反，不是破产而是坚实。当然，也不是没有破产的例子，市政街上的中孚银行就关了门，此外倒闭的还有扬子街的广东银行分行，仅此二家而已。

停业之后的中孚银行，经过一段时间的封闭之后，于民国十七八年，改换面目重新复出，以邮政储蓄和小额汇兑发展起来，其存款总额达到六七千万圆。以现今的物价指数来衡量，不到一亿圆的邮政储蓄可能不是太大的数字，但从当时

① 太田正孝：(1886—1982)昭和时代的政治家，进入日本大藏省(财政部)，后任日本《报知新闻社》副社长。

的中国来看，这的确是一个令人吃惊的数字。就在前不久日本还在广泛宣传，要使日本邮政储蓄跨越10亿圆大关呢！随着储蓄和汇兑业务的展开，湖北邮政管理局在经营场所上将储蓄业务与一般的邮政业务相分开，其储蓄业务的营业所就是封闭了一个阶段的中孚银行的建筑物。

在中孚银行的基础上成立了储汇局，储汇局成立以后，利用建筑物、邮箱、邮递人员甚至交通工具上可以利用的部分进行广告宣传；此外，还在市内广泛张贴有奖储蓄的宣传标语，现今在汉口市内还残留很多奖励邮政储蓄的标语，这些标语都是那个时候留下的。其广告宣传无孔不入，将电影院座椅的后背也利用起来了，在座椅的后面镶上金属片，金属片上浮现出凸版的优美的短文，不愧是文字大国，其宣传内容被琢磨得洗练、精干。在电影院看电影多是一些年轻人，当电影换片，打开灯的时候，首先映入眼帘的是座位前面的有关储蓄广告标语，即使你不想看、不想储蓄，储蓄的广告还是进入了你的眼睛。这些宣传创意主要来自山西银行。但也不仅此一家，张公权执掌上海银行后，上海银行也广泛利用广告，以聚沙成塔的方式吸储资金。在银行管理上来看，中国的银行对其派出的分支机构不负责任，美国银行也是这样的管理机制。但具体分析起来，在中国有其特殊的原因，中国对其分支机构不是不想负责，而是没有能力负起责任。即在旧军阀时代，银行相对于军阀处于弱者地位，为此，上海银行在各地的分支机构，一旦遇到不测、不祥的事情时，只能由分支机构自己承受。中国的银行分支机构以自己方式进行商业运作，甚至将触角伸到农村去吸取零散资金。

前文说过，在市政街上储汇局成立以后，广泛利用广告吸取零散资金。这种状况一直持续到事变以后，也就是持续到日军进入武汉之前为止。事变以后变成了宾馆，这幢大楼作为宾馆是非常漂亮的，其所处的位置又好，非常便利。现今已作为○○○①机构的位于市政街街角的这幢大楼原本也是银行。因为比中孚银行建设得晚，在市政街上属最新的建筑物。有关事变前的市政街的情况如上所述，总体来说，与日商的关系甚少。在鄱阳街与市政街拐角处的三兴洋行大概很久以前就与丸红的大同贸易②同在鄱阳街从事商贸，从街道走向来看，三兴洋行不属于市政街，而属于鄱阳街。台湾银行搬迁到自己的大楼后，小津武林③撤回本土。在现今林济美馆的前面，还有一家漆行，名叫水田漆行。这就是在市政街上日本商社的状况。从台银的建筑物往前就是以仓库之多而著称的仓库街，这其中大多数是沿长江流域的与英商有关的仓库。

---

① 著者出于维护日军的侵略行径，略去日军侵略机构的名称，用○○○代替。

② 1941年9月，丸红商店、伊藤忠商事及岸本商店合并成立三兴株式会社，1944年9月，三兴与大同贸易及吴羽纺织合并成立大建产业。

③ 小津武林：1920年，日本小津纺织厂与武林洋行合并，成立小津武林株式会社。

第二节

市政街上的维多利亚剧院

在市政街上，有一座有着某种意义的建筑物需要介绍一下，这座建筑物既不是天主教堂办的医院，也不是市政府官厅或菜市场，它就是作为汉口俱乐部附属建筑物的维多利亚剧院。维多利亚之名可能来自英国女皇，说到此我想记述一下与维多利亚不太相配的事情，没有想到高傲的大英国民，也有不体面乃至落难的事情，想到此不禁有来自心底的痛快。这座建筑是英国人作为“街道之家”而建立起来。这个“街道之家”有这样几个用途：在此英国租界当局召开有权者才能参加的纳税人会议，通过会议选举行政委员(董事会董事)；在此审议工部局的预算；在这里还进行表示英国人对中国人关心的善举，举办慈善义卖会；有时也作为演艺会场，供流浪旅行的白人艺人赚点旅途费用；当然有时也出租给中国艺人，供他们演出之用等。通过在这里的活动我们可以看到：英国人因为自己是白人，所以对白人和有色人种(黄种人)完全有不同的对待法，即使是像乞丐一样的白人夫妇、乞丐一样的白人流浪者，流落到此，英国人也都能给与特别的照顾，实际上这座建筑还兼顾施舍流浪白人的作用。

日本人认为白人比有色人种优秀，由此改变了“攘夷思想”，进而发展到了“崇洋媚外”，此风潮一直持续到近年；直到现今才多少有些改变，但仍有一部分人坚持认为：白人的生活内容比黄种人要丰富。在丰富这一点上笔者也不否认，但他们的丰富绝不等同于绅士淑女。他们在形式上虽然没有站在门口乞讨，实际上，从性质上来说，有很多白人和乞讨的乞丐没有什么区别。在维多利亚剧院上演的乞食演艺尚可说得过去，而那些没有任何技艺的流浪到汉口的白人流浪者就很难说得过去了。这些来到汉口的白人乞讨者，并不是只乞讨个二三天，而是厚脸皮地讨要不停。这些白人乞讨者究竟是怎样来到汉口的，具体情况不是很清楚；大概其旅行路线是：从西方到近东，由近东乞讨到新加坡，再到马来西亚，由马来西亚北上，经菲律宾径直到香港。然后沿中国沿海到上海，在落脚休息一个阶段之后，沿长江上溯来到汉口。

到了汉口以后的打算并不是顺流返回，而是沿京汉铁路北上。为此聚集在汉口的白人，如果凑不到旅费，就不会离开汉口。几位在汉口有脸面的人物正在出面筹集他们的旅费，麻烦的是不光是这一批，送走他们之后，还有白人流浪者不断来到汉口。当然，这些流浪白人与市政街不一定有什么关系，只是在谈论维多利亚剧院时涉及了这些白人流浪者。再说一下汉口俱乐部的建筑，这座建筑物是在钢筋混凝土未普及之前建设起来的，在设计上着重体现了英国人喜好厚重感的风格，这个俱乐部建设很早，在兴亚俱乐部未出现以前就已存在。其后在这个俱乐部里设置了保龄球馆，再后来作为这个俱乐部的配套措施建设了维多利亚剧院。在1900年前后那个年代，英租界是一个优雅休闲的街道，在这座建筑物的旁边还有一大片草坪，这个草坪现今还在。在这个草坪的西面是天主教堂，这个天主教堂的入口面对着怡和街，天主教堂相互连接。英租界有很多草坪，在怡和街的天主教堂前面有一长串平房，在其后院也有一片草地，在日本学校建立以前，汉口的日本人曾在这个草坪上开过运动会。现今在这片草坪的空地上，建起了两幢大楼，草坪的位置就非常狭小了。现今只有从日本人俱乐部的庭院里，才能大约领略到昔日英租界的旧貌。

在前文讲述了作为汉口俱乐部的配套设施的维多利亚剧院，并讲了一些有失英国人脸面的事情。在汉口的英国人的全盛期是在民国八九年的时候，以此为转折点，其后开始走下坡路。太古洋行(Butterfield & Swire)、怡和洋行(Jardine Matheson & Co)等洋行赚取了大量资金，阿诺德公司[1]也有一定的规模。当战后经济危机来临时，英国在汉口的金融界将大量的资金投入到认为能够保值的房地产业。现今在怡和村及尚贤路一带所建起的大厦，都是在战后经济危机发生后，大约利用三年左右时间建设起来的建筑物。当时用1方(约日本3坪，即3.306 ㎡×3)6圆的价格买进，然后在此修路、建房，随之带动此处地段的地价不断上涨。最早建议将资金投入到房地产业的是一位白人传教士，他对此投资方向感到非常得意。在汉口日本人商业兴盛的高峰期在大正五六年(1916—1917年)期间，战后经济危机发生后，很多日本商人认为经济如此萧条，没有必要在汉口坚持，加之，中国是日本的近邻，于是采取了伸缩自如的政策，返回了日本本土。日本茂木洋行虽然有一些不动产，但并不是为了商业经营而是为了保证自己的退路而置业。其他一些规模大的商社大多都采取撤回日本本土的政策。

英国在地理上与中国不相邻，加之在汉口的英国商社并不在意是本土的分店；因而没有采取类似于日本那样的轻易地退回本土的行动，也就是说，英国在汉口的商社采取了与日本商社正相反的、顽强的扎根策略。如前所述，在贸易额下降的情况下，尽最大努力坚持下去。问题是：在汉口每当有排英运动，其运动的方向马上就会“由西转东”对准日本，在排外运动中，英国面对困扰和麻烦没有采取克制的骑士道风度，阿诺德公司等每况愈下，处境艰难，然而，尽管处在破产边缘，仍然投资了“安林房产”[2]，这些英国人的确有不坚持到底誓不罢休的意志。

汉口的英美人不顾商业的不景气，对不动产加大投资力度，采取顽强的扎根策略，试图在汉口站稳脚跟。由商业转向不动产几乎是全面的，就连英属的火轮公司也买进土地，进行建房。总之，无论如何也不离开华中地区，摆出不达目的

① 阿诺德公司：根据日语“アーノルド・コンバニイ”音译。

② 安林房产：根据日语“アンリーナウス”音译。

誓不罢休的架势。这些英属商社尽管在伦敦有总公司，但如果不这样坚持，不光在长江流域、在中国其他地方的作为分公司地位的商社都将不复存在。对于英属商社而言，仅应付不景气、排外运动就已经筋疲力尽，如果不能建立稳固的基础，那么就会导致连起码的生存都会成问题。

英国的白人们就是在这种情况下，一直坚持到昭和元年(1926 年)，然而进入昭和以后，汉口市民对英人情感更加恶化，其实不光是英国人，所有在汉口的白人面对在共产党领导下的已经暴徒化了的下层华人[①]，都感觉像坐在火山口一样非常惶恐不安。层出不穷的罢工让白人资方感到非常棘手，这一年的圣诞节过得清冷无比。物价高涨、失业人群增多，雇主所雇用的工人干脆不和主人打招呼，三天两头上街参加游行。汉口在共产党的势力之下，随着时间推移，外国人的生活陷入困境，勉强维持到了年底，终于在翌年的民国十六年元月三日，汉口的英租界被中国方面武力收回[②]。这些英美人将有色人种视为奴隶，在汉口做了很多让中国人无法忍受的事情，由此，中国共产党将这些傲慢无礼的西方人一举摧毁，并将他们的行动目的写入运动纲领之中。英国人的本性是利用别人达到自己的目的，当这些租界被夺回时，英国驻日本大使馆频繁访问我国的外务省，即使不知道其交涉的内容，也可以大致猜测出英国人的目的。当时的日本的幣原外相似乎对英国人并没有做什么协助行动。汉口的英租界当时有两条道路：一是以军事武力驱逐中国军队，维护英国在华利益；另一是采取缓和手段在中国所组织的特别管理局的管辖下继续住在英租界，然而最后两条路线都没有确定下来。英国在长江上虽然有警备舰，但如果不能武力干涉只能说是个摆设。最早被驱逐出英租界的英国人都在怡和洋行的船上起居，然而火轮公司并非免费，为此，英国的妇女小孩儿都转移到现今的长江馆中，即使有暴徒携带枪支前来袭击，也可以提前防备。

英国人指望被收回的英租界能够返还，仍回到原来安逸的住所，然而从当时的时局来看，此愿望遥遥无期，为此，一部分妇女小孩儿都顺流而下到了上海。英国的男人们都聚集在位于市政街的维多利亚剧院，在那里召开英国侨民大会，就汉口事件如何向政府表达侨民意见进行了表决，并将表决之后的结果送交到大使馆。此时，在汉口的英国大商社有地位的人物都在汉口俱乐部商量对策，然而汽车司机以下的华人工人都参加了罢工，这些英国商社的老板们只能每天自己处理日常的勤杂事物。

英国本土与在汉口的英国人的焦虑心态相反，并未十分重视英租界事件，认

---

① 此处表明作者对中国共产党所领导的工人运动的仇根。

② 1926 年底至 1927 年初，随着北伐战争的胜利推进，中国工人运动以前所未有的声势蓬勃开展起来。在工人运动的高潮中，发生了震惊中外的收回汉口英租界的斗争。这是中国工人阶级的伟大壮举，是中国近百年反帝斗争史上的光辉一页。

为此乃在中国境内一时之动乱，没有采取积极的与中国军方的交涉行动，甚至有些采取回避的态度。中国北伐军方面，在武汉成立了联席委员会，由陈友仁一手负责对外国的交涉事务。陈认为：与英国人进行外交，只能采取“革命外交”，也就是采用使北伐战争获得部分成功的武力行动，依靠他们的武力或军事力量来展开外交；陈提出收回汉口各外国租界的口号，当然，首当其冲的是用武力收回汉口的英租界，然后是九江的英租界。这就是国民党的“革命外交”的内容。

英国政府没有达成所期望的交涉成果，汉口的英国人不断结伴转移。此情势发展到 4 月份，国民党的所谓的革命外交波及日本租界，试图收回在汉口的日租界，此时由于日本帝国海军的干预，抑制了暴徒的行动，日本租界未能被收回。英国人见到了日本的情况，都愤恨于英国政府的态度，然而事情已没有回转的余地，因为在中英间已签订了有关返还汉口英租界的协定。在近代史上将这一协定叫做《陈友仁奥马莱[①]协定》，英国最终以失败而告终。有人评论说：在中国的近代外交史上，若站在中国的立场上来看，只有《尼布楚条约》和《陈友仁奥马莱协定》中国取得了胜利；陈友仁的这次“革命外交”无疑以取得最后的胜利而告终。此后中国的外交未能向有利于中国的方面发展。

民国十六年七月份，在汉口的英国侨民在维多利亚剧院举行最后的侨民大会，这就是笔者在前文所说到的落难状况，笔者本想通过本文详细披露英国侨民落难、悔恨的复杂心境和状况，但想来这对于大英帝国来说并不是什么体面的事情，所以只好作罢。如果市政街的维多利亚剧院有生命，它会向人们述说英国侨民在汉口如何起业发家，如何走到今天的状况，然而这一切起因和结果都是因为以榨取中国人为目的而引起的。实际上市政街上的汉口俱乐部、维多利亚剧院凝结着英国侨民在汉口所做的善事和坏事，然而现存的这些建筑物都已成为英国侨民在汉口活动的历史见证了。

① 奥马莱：根据日语“オーマレー”音译。

第十四章

汉口花街巷史

汉口妓院的初期状况

“温故知新”这句老话，似乎能适合很多事物，那么，让我们从“温故知新”的角度来回顾一下汉口的花街历史。有人说：“花街是否兴盛，有时能成为城市兴衰的晴雨表。”这话也不无道理。超脱于世俗之外的诗人们留下了很多吟咏“教坊”的诗文，仅此来看，诗人们尽管对世俗很超脱，但对花街柳巷的俗事还是给与了足够的关心和关切。我想要谈汉口的花街史，非得生在汉口、长在汉口、在花街的氛围里耳熏目染几十年不可。笔者在汉口生活的时日不是很久，所幸的是汉口的花街历史最长也不过三四十年，日本精通于汉口花街的人最长也不过有三十多年的体验，笔者所知的花街的事情会更短，况且笔者不是此道的业内人士，再说笔者也不是专攻此项的里手，中国有句老话：“知者不言，言者不知。[①]”本来不容笔者置喙，但花街仍属巷史的范围，为此，不揣浅陋在此谈论，若有疏漏还望见谅。

在日本自古就有“一夜情”之说，还有与花街相关联的“朝妻船”[②]。在古典故事物语里留下室津、博多津、安农津等很多与花街相关的地名。随着时代变迁这些地方的花街都已衰败，然而在室津现今仍有三所妓院，因受到播磨造船厂男人们的眷恋而保留。在日本最有名的一部民间曲艺就是“江口游女”[③]，此外，后白河天皇与名叫乙前的艺妓的故事都流传至今。在中国《管子》有“女闾三百”之记载，以此标志都市市面之繁荣；所说的女闾不过是以身为本钱的风尘女子。在世上风俗行业为何如此兴盛，尽管一些旨在扫除风俗行业的“救世军”、“矫风会”等团体努力行动，然而最终花街柳巷未能得到根治。如若追寻其产生的理由和原

① 知者不言，言者不知：来自《老子》第56章中的内容。

② 朝妻船：日本古代至近代初期连结琵琶湖东北岸朝妻港和大津的渡船。特指往来于东京至京都、大阪的载运妓女的船只。

③ 江口游女：根据冯梦龙《警世通言》中的“杜十娘怒沉百宝箱”改编。

因，大概正如事变之后，很多流浪客无意讲到的：一些单身男人离开家，远走千里之外，总伴随着劳苦，可能还有一些失意。如果没有安息之所，往往容易生病，导致忧郁甚至自杀，如果环顾一下我们的周围，此类事情的确层出不穷。战争中的官兵处于精神紧张的境地自不必说，孤旅之人独宿旅社不知明日将会如何，想到此也需要有风俗女子来安慰。在日本高衫东行虽有敌兵追赶，可仍有女子伴随，活跃在京师的维新志士离不开狭街窄巷的艺妓慰安。中国文人仍然如此，往昔苏东坡有朝云相伴、谢安石在东山偕妓相随、李白贫困时亦有樊素在旁。这些女子虽非都是教坊的舞妓出身，但对男人所起安慰作用都是一样的，这一点古今亦同。汉口乃是九省通衢之会，客居此地的商旅自然会多过其他地方；汉口是中国中部地区商业最繁盛之地，与此相应汉口的妓院也比其他地方兴隆数倍。

第二节
南城公所的出现

先从中国方面谈起，在汉口设置妓院大约在 40 多年前，在此之前以“半开门”、“暗门子”的形式出现。以筵席侍客并佐以丝竹的状况，乃是极其近年的事情。位于现今民族路后方的一座名叫妙心寺的建筑，在事变前叫南城公所。南城公所的本意是江西省南城出身的商人的会所。汉口最初的妓院就聚集在妙心寺周围一带。笔者来汉口的那个时候，汉口人将妓院暗称为南城公所。南城公所大约繁盛了 20 多年，其后，又经过多年的行业竞争，出现了被称为“四十八间”的一等妓院，并将此叫做“川班子”；由此可知在此进行创业的大多数为四川人。在汉口也有将川班子叫做“丝竹班”，在当时，要想名列一等艺妓非要精通音律不可。在这四十八间中，规模大的拥有几十名妓女，规模小的也有十多名。在南城公所这四十八家妓院已经具有不可动摇的实力，要入围这样的一等妓院是很难的事情，为此还有二三等的妓院散在四十八家妓院周围，除此之外，在此周边还有很多私娼，混在良家妇女中间接客。

总之，直到辛亥革命时为止，汉口的娼妓业主要集中在南城公所，为川班子所独占。其后，作为第三区的英租界渐次发展起来，从现今的西本愿寺一带开始一直到市政府附近的沼泽地都被填埋造地，形成了现今的湖南街、鄱阳街；在江汉路上也相继出现很多大楼。此外，当时叫做太平路、太平路连接江汉路的大道，一直向北延伸铺设，并将这段路取名叫歆生路，也就是从现今的日本宪兵队本部旁一直向前延伸越过铁路线的一段路。现今将到铁路间为止的一段路叫江汉路，从前以怡园为境往南叫太平路、往北叫歆生路。从歆生路顺小巷向长源里一带走，有一片街道被建设起来，苏州艺妓就在此扎寨，立起了香艳的招牌。至此，汉口的妓院两分天下，其一是原来的四川班，另一是现在才开张的苏州班。

四川班的内部又细分为川帮和本帮。所谓本帮就是汉口本地人所开设的妓院。如将苏州班再细分，还可分为苏帮和扬帮。如此一来，四川、苏州两班为吸引客户，摩拳擦掌、大张旗鼓展开了激烈的竞争。一时间，分属于各班名妓大展才艺，娇声笑语，丝竹绕梁，不舍昼夜。

第三节 辛亥革命对妓院的影响

如上所述，在汉口花街柳巷氛围渐浓之时，正是川汉铁路难以为继之日。虽说商女不管世道之变迁，仍不得不随世道而改变。宣统三年秋，在武汉发生了革命暴动，顷刻间清朝300年之社稷被倾倒瓦解。辛亥革命对南城公所一带，不能说没有影响。革命党一度将汉口收在手里，在官军的进攻之下，汉口又被夺回，官军在汉口城中放火，以此防备由汉阳来袭的革命军，城中街道被烧成一片原野。此时，由于兵乱和战火，全市各妓院的妓女不管是燕瘦还是环肥都作鸟兽散。清朝倒台以后，革命派的政客军人来往于武昌到南京之间，一些革命巨头前来日本妓院游狎，不久中国的妓院又开始恢复。1912年，也就是日本明治四十五年春，苏州班恢复，将位于现今中山路饭田三宝堂内巷的长源里改名为三分里。被战火烧毁的川班损失严重，之后不再复出。现今在三分里这个地方，挂着西肥洋行、森洋行等招牌的建筑物在改建以前，与长怡里一样都是一流妓院的营业之地。

第四节 苏州班和扬州班

兵乱中的大火透彻地将汉口烧了一遍，虽然满目疮痍，但中国人的复兴能力实在令人惊叹。战火之后的汉口不到一年，又春草萌生；在沿歆生路一带显示出更快的发展速度。在苏州班里除扬州班外，又增加了湖南班。苏州班乘战后复兴之景气，迅速发展起来。在三分里旧地的后面的四成里，又扩建了一些建筑物。扬州班从苏州班中脱离，转移到四成里的地方营业，亮出了扬州班的招牌。

另一方面，从中山路（当时的后城马路）也就是现今的府东四路向西走的通济里一带，在那里建设了一些建筑物；苏州班里的湖南班和扬州班的二等妓女搬迁到此处营业。通济里的桃源坊（在靠近现今日本阁一带有一条土路叫桃源坊）原来有一些卖唱、卖艺的女子也转行到此风俗行业里。此时在汉口的花柳界大致形成了南城公所的四川班、三分里的苏州班、四成里的扬州班这样一个三分天下的局面。由于湖南班刚起业不久，还未能形成与前述三班的竞争态势。

以辛亥革命为界限，汉口商业的繁盛区域呈现出随商业发展而自然移动的状况。例如：原来以汉水为中心的土产品批发，受到京汉铁路的影响而分流；从前以长江海关为中心集中着规模较大的火轮公司的很多大型火轮，随着英租界的发展，很多大的贸易商转向英租界或向英租界靠拢，代之而来的是很多大饭店都在租界以及租界附近开张营业。汉口大旅馆在现今扬子江宾馆的位置，在现今广州酒家这个地方有普海春（后来普海春迁到了现今的军人之家这个地方），在多田洋行、衣川商店附近有包下一幢建筑物的二层楼改建成多家客房的万国春，在交通路上有燕月楼，在现今的新汉口有一江春，由一江春稍许往西走有杏花楼等大菜馆。当时对艺妓呼来唤去最讲排场的是在中西大菜馆设宴的一些吃客。去妓院游冶另当别论，如果仅从与艺妓建立起熟人关系这点来看，此处就比南城公所更具有地利之便。

第五节 允许艺妓乘轿

按清朝规矩，艺妓不允许乘轿。艺妓前去陪侍大官的宴席，至于如何出行没有限制，总而言之就是不能坐轿去。直到辛亥革命取得成功后这个规矩才改。在辛亥革命前，艺妓前去陪侍宴席通常采用的出行方法是由男仆背着去。由于受由来已久的世风影响，女子皆缠足，并且出现了脚越小越受男子欢迎的情趣，在风俗行业求生的艺妓，一般脚都缠得很小，根本无法远路行走，如果不能坐轿只能由男仆背到宴席需求的地方，这可以说是中国一道奇异风景。清朝倒台后，辛亥革命倡导五族共和，不管是和尚、艺妓还是普通百姓也都可以坐轿子、坐人力车了。为此在辛亥革命后，在街市出现一种装饰漂亮、跑起来轻快、专为艺妓服务的人力车，汉口本地人把这种车叫“野鸡包车”；三分里、四成里的艺妓们即使是很近的地方，也乘坐这种包车去。而南城公所的一等艺妓们，则采用乘轿子来体现身份。辛亥革命后，世道一新，允许艺妓乘轿是显著的都市风景，尽管不是什么好风景。

现今在汉口修起了民生路、民权路这样的沿江马路，而在30多年前，还没有这样的近代式的道路。那时，所谓的大道就是指现今的花楼街和前花楼街的一段街道，但在这样的街道上是不允许人力车通行的（其他中国街的道路上也如此）。从现今的重松药房附近往里走，在各空地上都有轿夫在那里等待，轿子是中国街唯一的允许通行的交通工具。比如在小董家巷的入口处，像现今叫人力车一样，喊一声“轿子”，马上就会有人应声“来了”，两个轿夫将靠在土路边上的轿子迅速地抬到客人面前，让客人乘坐，然后到花楼街等街道去。

说起轿子想起日本"忠臣藏[①]"里有一句台词:"乘轿前去的可是阿轻小姐?"[②]此时的阿轻,担任着重要的使命,不是阿轻,应是阿重才对! 在三分里、四成里附近艺妓们以包车代步,与此相对在妙心寺附近的高级艺妓们则以悠然慢行的轿子出行。尽管这是30年前的场面,仍然给人以落后时代之感。南城公所的四十八家妓院渐渐由于地理位置上的不方便,而失去竞争优势,一等艺妓的头筹渐被苏州美人和扬州美人拔去,南城公所的艺妓们被降到副一等的地位。三分里与四成里相合并,打造出了一个由一等艺妓云集的区域,相互连带,妓院多达百余家。那时,汉口的诗人们用这样的竹枝词吟咏南城公所:

迷楼当日艳南城,[③]
烽火咸阳一炬平,
平底女闾关盛事,
于今又有管弦声。

此诗的大意是:"战乱烽火将艳城付之一炬,现今又复兴起来。"四川帮虽然同样复兴起来,但没有舍弃戏子街,移向歆生路附近。另外,还有吟咏三分里、四成里的竹枝词:

十家八九是苏扬,
更有长沙与益阳,
夹道东西深巷里,
个侬浑是郁金香。

通过此诗可得知,湖南班中的艺妓以长沙和益阳出身的女子为最多。一等艺妓如上所述,二、三等艺妓的情况准备在另文里叙述,那么,关于三、四等妓女的情况,是否需要介绍,我有些拿不定主意。既然是讲述花街故事,对低等妓女的内幕也应有所披露,甚至包括其淫乐方式、财色交易方式等都应有所涉入,如果不这样,似乎给人以"建佛未开眼"[④]之憾。如果真要"开眼",披露其内幕,就会陷入赤裸裸的不洁的色情描述中,由此,可能我就会受到持不同观点人士的批评。为此,这个部分还是留给熟悉此道的老汉口的前辈来解说。

---

① 忠臣藏:指的是元禄十四年(1701年),四十七名赤穗浪士为主复仇的故事。复仇之后,四十六人全部切腹自杀。根据这个故事改编成了净琉璃的剧本。参看第28页脚注。

② "乘轿前去的可是阿轻小姐?":《忠臣藏》中的主人公大石内藏助为了替主人复仇,做好了献身的准备,为免除后顾之忧,和自己的妻子离婚。阿轻作为大石的情人,陪伴他在生命的最后一段时间。阿轻成为日本有情有义女子的代名词。日本作家上村松园为此写了《轻女》一文。作者在此处提到"阿轻",可能想起日本戏剧"阿轻"乘轿出行的场景,"阿轻"出行负有重大使命。

③ 汉译后,又核对了汉口竹枝词。

④ 佛像建起来之后,需要有一个××开眼式。否则等于佛像没有注入灵魂。

第六节
《花报》及选举花国大总统

如前所述没有地利之便的南城公所在辛亥革命复兴之后的六七年间，逐渐失去了竞争力量，最后作为妓院已难以为继；与此同时，三分里、四成里生意兴隆起来。当时在汉口大小有几十家报纸，这其中有被俗称为“半截型”的报纸《花报》，上面刊载有关艺妓的趣闻轶事。为此，艺妓们想尽办法接近此报的记者，记者们为采访艺妓的素材，每天流连于花街，和重点采访的艺妓们谈笑风生。总体来说，《花报》是以点为主，并非遍及全部花街柳巷。鉴于这种情况，在汉口又创刊了一家《汉口花报》，这样，在汉口就有两家专门报道汉口花柳界新闻的报纸。这两家报纸都是日刊，虽说是小型报纸，作为日刊每日出版，还是颇费精力。

这两家花报的读者，毋庸赘言主要是冶游郎[①]和艺妓，报纸的广告主要刊登对新来艺妓的介绍，如果是菜馆方面的艺妓则大多用“色艺双美”这样的固定词句来表示。花报的发行起始于清代，为此模仿清代的科举制，对受欢迎的艺妓进行投票，最后确定状元、榜眼、探花，一经品题，声价十倍。民国以后，在上海和北京都举行了“选举花国大总统”，汉口仿照于此，举办了“选举花国皇后”的活动，最后是否举办，其结果如何，笔者对此有些模糊，记得不是很清楚。其“选举花国大总统”和在日本举行的对艺妓进行“人气投票”都具有同样性质。第一次世界大战带来了商贸的景气，花柳界也随之出现兴盛局面。“选举花国大总统”的创意是中国国家有大总统，我花国世界也应该有大总统，通过“花国大总统”可以增加所属城市的面子和提高人气，为此，新闻记者都沉浸在花柳界，并乐此不疲。

汉口花柳界在民国七、八、九这三年最盛，这不光在汉口，在日本也是如此，除欧洲以外，各国都出现了战后的景气景象，从汉口花街的发展状况就可见其一端。当三分里、四成里在空间上不适应发展形势之后，又在现今的军人之家旁边往里走，经过一段空地之后的一个叫做长怡里的地方开拓了一片花柳用地；将苏州班的部分艺妓分流到这里。长怡里的艺妓从质量上来说，有相当一部分绝不逊于三分里与四成里。在此里有所谓三百间的平房，由东原本就无路可进，在现今的面对江汉路市场一侧，各家妓院栉比鳞次般地排开，总体来说，越往里格调越低。现今所说的模范区在那个时候还没有建设。以上所说的艺妓都是指一等艺妓，当然所谓一等有时是指妓院的等级，与官厅所说的便于区分的一等有所区别；在一等之中还可细分为一、二、三流等。除一等艺妓外，还有二等、三等；在等外之后，还有“暗门子”、“半开门”等土娼。下面记述二等以下的散在状况。

① 冶游郎：嫖客。

第七节
二等以下艺妓的散在状况

有关南城公所和三分、四成两里的艺妓情况在前已述，在此之后，长怡里也逐渐发展成为了一等艺妓集中的里巷；此时，南城公所已败落，为此，汉口一等艺妓的场所为以上三处所瓜分。然而，二等以下遍布于汉口各处，男人们些许小钱就可买得春风得意。沦落为三等的妓女集中在青莲楼一带，之后又出现在武圣宫。青莲楼在靠近南城公所附近的一条街道的小巷里，其女子多为扬州班的分流者，而武圣宫处大多为汉口本地的女子。在民国七八年间，中山路的北端起于日本阁，由此上手一带都是菜地，在蔬菜地之间有铅和锡的溶解工厂、牛皮加工厂等，此外，还有一些百姓住房散在其间；南端起于新市场，由此上手一带都是沼泽地和几家断续相连的染房。从长堤街的沿街建筑的后门望去可见一片空地，新市场建成时，当时统一街还是一条小巷；大华(南洋烟草公司所建的大厦)建成以后，中山路南端的建筑物到此终止。新市场建成后不久，由现今的江户幸稍许往西与中山路成直角的地方，有一条街巷，其街巷两侧都建有楼房，此处叫做杏初里，二等艺妓大多都集中在这里，与此相配套，包车的车夫也集中在这个地方。经常看到拉着清秀美丽女子的包车，跑在中山大道上。其后中山路不断发展，在其西侧开始填沼泽造地，大约在民国十年，在此造地上建起了成排的房屋，这个杏初里就悄然无息地迁到了这里。此处与通济里的坐等客人的艺妓不同，这里的艺妓经常包车外出。这里的住户几乎各家都备有包车为艺妓提供出行便利。不了解情况的日本人在此突然叫车，根本就无人搭理。

此外，艺妓们还散在在法租界的长兴里、如寿里，万年里也有一些；这些地方都是二等艺妓的生意场所。在法租界有菜馆和旅馆，日本人大部分在此招妓唱曲。当时在法租界有吟咏二等艺妓的竹枝词：

别开香径去寻芳，[①]
入座娇声唤失当，
个里衾嬉咸水妹，
人人都学广东腔。

上面承句里的“失当”二字，意思可能费解，实际上这是佛语“请坐”[②]之意的音译。转句里的“衾嬉”二字是广东话，是“请进！欢迎！”的意思。这首诗可以说明：在法租界里有很多广东籍人士和被称为粤妓的广东女子，由此导致广东腔成为时尚。也有沦为三等艺妓的广东女，此层次的妓院在此处有三家。其中一家

---

① 已核对汉口竹枝词，晚清称妓女为咸女妹。

② 根据前后文来看，这里经常出入外国人，文中所说的“失当”可能是英语“sitdown”之意。

据笔者所知为今日南京某氏所开。这里的客人几乎都是外国海军，进入女子的房间，都挂着与美国海军在一起照的照片。二等艺妓的情况如上所述，无论哪一家都与一等的格调完全不同，这样反而适合像笔者这样的贫穷青年。

前面所说的一等艺妓，与日本在大正年间的艺妓还有所不同，其名为艺妓实际上有很多相当于日本的“女郎”[1]，与暗门子相对，可以无遮拦地公开营业。三等艺妓在汉口分布非常广泛，从现今的花楼街拐弯儿处的沙家巷、牛皮巷、十人馆都是她们的聚集地，此外，从花楼街向北走的笃安里，后城马路的桃源坊，法租界的广东巷，还有往下走的华景街（现今的汉景街）里的安庆里、老安庆里、新安庆里等地也都是她们的聚集场所。聚在沙家巷的是湖南女子，她们说话很难懂，但很多女子都识字；与此相对在三分里、四成里的一等艺妓几乎都不识字，说睁眼瞎也不过分。说起来这已是20多年前的事，湖南艺妓识字这件事一直让我感到惊奇。下面有首吟咏“沙家巷十人馆”的诗：

社会都分上下流，[2]
况他燕侣与莺俦，
渴来也觉鸠盘好，
逗得儿郎逐队来。

如果说沙家巷是湖南女子的聚集地，那么笃安里就以苏州女子为多，庆安三里则主要以上海和汉口本地女子构成。在三等艺妓之外，还有半公开的“半开门”，则遍布汉口各处。甚至也有女工、女学生涉足其中。事变后，最初仅法租界有艺妓，日本青年经常去铁路饭店等处游乐。而在事变前，此处没有常宿的艺妓，只能委托茶房带女子来。大致在5～10圆之间就可成交。在此已经说到了“玉代”[3]问题，本想就此话题再细致说一下，但我手上没有汉口的妓院的数量、艺妓的数量及交易的具体记录等明细资料，加之我也没有准确的记忆，只能作罢。以上所说的三等艺妓聚集的里巷，实际上并未完全透光，也就是说处于半透明的分布状态。从延续的时间上来看，民国七八年开始，大约延续了四五年，这段时间是最盛期。之后逐渐走下坡路，其后一直持续到民国二十年。在此期间，各帮都有各自的帮规，即使冶游也要遵守既定的习惯或规定，并不能完全靠金钱来解决。有些青楼女子虽说以卖笑为生，但其原则是卖艺不卖身，这时即使你一掷千金，艺妓仍不为金钱所动，并以此精神为傲。有些三等艺妓，虽沦为三等并不坠人格，也以情感为重，有的男子初次来访，第二天早晨离开时，假设没有钱先赊欠的话，艺妓也不会详细追问具体住处、何时送钱来等不放心或有碍情感的问题。这一点似乎与中国人厘毫必争的国民性格有很大不同。总之，汉口的花街虽说

① 女郎：日本的妓女。

② 译后已核对汉口竹枝词。

③ 玉代：日本到妓院嫖妓的嫖资隐语。

是风月场所，但男女双方都注重情感和面子，虽说本质上是金钱交易，但在实际运作中尽可能地不谈钱，尽可能地不沾染铜臭气。然而随着时间流逝，汉口花街的这种特有的气氛渐渐失去，直到今日，无论其情感还是风味似乎都已荡然无存。

第八节
艺妓遁入法租界

满洲事件[①]爆发之后，在中国的北方地区兴起了尊崇传统孔孟之道的精神运动，南京政府也认为此乃收揽人心之道，结束了以往打倒迷信、打倒儒教的口号。蒋介石提倡新生活运动，自民国二十一年起，对政府公务员厉行约束，禁止公务员嫖、赌的不正行为，进而禁止住宿、进出有艺妓陪侍的场所。原本按照前文的思路在此应接着讲汉口的冶游惯习和妓院的内情，既然谈到新生活运动，那么，就先说一下这个运动对当时汉口的艺妓所产生的影响。

在蒋介石的北伐军进入武汉之前，中国的商业交易及会面交谈等大多在茶馆里进行，大致已形成了都市的一个惯习。然而，辛亥革命以后，中国的国民特别是在汉口这样的商业都市的绅商们逐渐受欧化影响，首先在有条件的市民家里以皮制的座椅和沙发取代传统的结实、僵硬的木制座椅和靠背椅。在生活习惯上也不再墨守旧规，传统的在茶馆会客的习惯也逐渐在改变，渐次被近代化的、具有新式房间设施的宾馆所取代。绅商会谈本身就想有一个舒适的环境，新式宾馆的西洋衣橱、沙发、厕所的卫生设备等一应俱全，正合绅商们的心意，为此自然而然地将会客地点由原来的茶馆转移到宾馆，进而又在西洋式的房间里布置了麻将桌，边打麻将边谈事，这时在身边若有艺妓陪侍自然是锦上添花。为此艺妓走进西洋房间陪侍麻将及在菜馆陪客进餐、席间谈笑唱曲，就成为了不可或缺的习惯固定下来。从茶馆转移到宾馆这个变化，不光在汉口，在中国各大城市都如此，成为中国都市化的一个标志。

蒋介石所倡导的新生活运动就是在这种情势背景下展开的。首先制止那些发了不义之财的官吏、军人“喝大酒、赌博、玩女人”这三项乐事，禁止艺妓出入宾馆，更禁止艺妓在宾馆泊宿；由此艺妓的生活一落千丈，使艺妓生活陷入可悲的境地。然而有财力的妓院老板改头换面将营业地点转移到法租界的旅社内，汉口头脑灵活的旅社业内人士看到此状，纷纷租用法租界的宾馆，将此宾馆加以改造成为旅社形式，以旅社的招牌招引艺妓在此工作，这就是现今法租界旅社林立的原因。此时三分里、四成里已销声匿迹，代之而来，在位于海陆宾馆的后面的

---

① 指“九·一八”事变。

联保里又结起了巢穴，一时间，莺莺燕燕不断地又飞到了这里。新生活运动使法租界旅社大增，新生活运动的所有取缔令的结果给法租界当局带来滚滚财源。如前所述，在法租界原本就有一定数量的妓院，新生活运动又促使艺妓大量逃入法租界，这样一来，法租界热闹非凡成了地道的不夜城。法租界当局一边承诺支持中国的新生活运动，另一方面对租界内的旅社、宾馆业网开一面，采取宽松政策。本来法国人到中国来就是想赚钱，加之法国人还有"跨越赤道就不必讲道德"的国民理论，为此，对中国当局置若罔闻、我行我素。事变前的非透明的花街的沿革大致如上所述，事变以后这方面的情况就不必说了，我想即使不说读者也会了解。所以有关沿革之事就谈到这里，下面接前面的话题，谈妓院内部的情况和有关妓院的风流韵事。

如果将汉口花柳界的存在状况分为四个阶段的话，那么，第一是守旧期，即南城公所的四十八家的丝竹班时代。第二是发展期，即苏州、扬州两帮来汉的时代。第三是鼎盛期，即本地帮和苏、扬两班的鼎立时代。第四是衰退期，即民国二十年的汉口大洪水以后。正当这一年大洪水渐退，在地势较高的地方露出地面街道、低洼地水浸渐干的 9 月 18 日，发生了满洲事变。洪水后的市民关注东北四省的局势，政府当局以收复失地的名义发布了紧缩令，为此，一时间将嫖赌忘在一旁。又过两年，首先在江西南昌吹起新生活运动之风，在此风气之下，如前所述，汉口的艺妓大多转入法租界。私娼以隐蔽的形式散落在汉口各处。

再说这四十八家丝竹班，虽号称一等艺妓云集，但实际上也并非如此，并不见得每个都是一等的女菩萨，二等艺妓也大有人在。这四十八家一等艺妓的流行标准是：首先要有一个好嗓子，此外还要懂得风雅之道，所谓的风雅之道就是在琴棋书画里必须要懂一道，要具备一定的修养。为此，那些不懂风情、举止粗狂、行为嚣张的冶游郎，很难和这些一等艺妓产生亲密的情感。那时每家妓院都有严格的帮规，要想见思念的艺妓首先要按照妓院的规定，要进行各种应酬，在此基础上艺妓才能见客，如果艺妓看客人不顺眼，也就到此为止，没有下文了。即使按照妓院的帮规去做，也不见得能马上就圆了巫山之梦。为此，想做风流客非得有足够的耐心不可。总之，宰客现象常见，如果贸然入此道，只能白花冤枉钱，想见的艺妓在手边晃来晃去，就是摘不到手。

据清末南城公所熟悉此道的通人介绍，比较便捷的途径是这样：如果你想接近某位艺妓，首先要有熟客引荐，经熟客引荐与艺妓认识之后，新客不能就此罢手，还要数次到艺妓家拜访摆酒宴，如果你所想认识的艺妓是名牌，她的客人必然会很多，为此要错开时间，恰到好处地寻找约会时间，反复多次之后，才能成为艺妓的入幕客。酒宴的费用每次 16 串文（一般来说串文都比银要便宜，有时也不完全如此）、麻将花费每次 20 串文，此外还要给下人一些小费。如果是讲排场的客人，那么其支付的单位不是串文，而是圆或两，圆或两与串文则有 10 倍的价格差。当客人终于入围，云雨之后，则不必再支付银两；但要给艺妓房中的婆子及跑腿的佣人30串文的赏钱，这是不成文的规定。艺妓虽说不要“枕钱”，那是出于客气，客人出于面子，一定还要支付一笔“赠金”给艺妓。如果正好赶上端午、中秋、新年则更得给，其金钱数目当然是多多益善没有上限。

就艺妓所演奏的乐器来说，日中有所不同。日本艺妓主要以三弦为主，而中国艺妓则用胡琴，也有用三弦和鼓配合胡琴的情况。在汉口一等艺妓自己不拉胡琴，只有二等以下的艺妓才边拉边唱。在日本关西的净琉璃[①]唱曲的艺妓专门唱曲，而在关东地区才是边弹边唱。这大致可以与汉口的一、二等艺妓相对应。说起汉口二等以下艺妓为何自拉自唱，这主要出于出演的成本考虑，如果不是自己拉弓，就得请他人伴奏（操琴者大多为男乐手），这样就会增加出演的成本，而自拉自唱自然比较经济。中国艺妓所演奏的胡琴的琴筒蒙的是蛇皮，此外还有乐鼓，这并不是每位艺妓都会的技艺。因为中国艺妓所持的乐器与日本不同，很多日本人对此很好奇。作家芥川龙之介[②]来汉口，在交谈中我问他：“你在中国看过边敲乐鼓边唱曲的艺妓吗？”他说：“我在上海的时候，受朋友之邀看过很多艺妓表演，但还没看过边敲乐鼓边唱曲的艺妓。”为此，有天晚上陪同芥川到长怡里，招来二十多名艺妓大家在一起热闹。当回去时芥川手里攥着一圆钱说：“把这钱给艺妓她们！”当我说：“怎么能拿你的钱给艺妓呢！不给小费也没关系。”他带着颇为愤慨的表情反驳道：“这是中国玩乐的规矩，一定要给。”鉴于当时的气氛我再次强调没必要时，这个书呆子气十足的小说家还仍在坚持。我有些生气说：“人家又没有向你讨钱！”他这才作罢把一圆钱收了回去。艺妓们看到此景，脸上都露出惊奇的脸色，一起来的朋友也觉得芥川不通事理；之后安排的宁波艺妓的花鼓也没有看到。就一般日本人而言，到艺妓处游玩是看不到打乐鼓的艺妓的，芥川到上海也是如此，不可能看到打乐鼓唱曲的艺妓的特色技艺。

二等以下的艺妓并非都是结帮聚在一处，而是分散住在旅馆或居住在法租界一带的地方。菜馆的茶坊常常充当艺妓与冶游郎的中间人，当有生意时，茶坊通知艺妓，而艺妓与客人并不是熟客。其介绍费大约一串文，此外自不待言客人要支付去旅馆开房费、枕钱，根据艺妓的举止外表，其价格也有很大的弹性。在民国七八年，汉口的市街还未像现在这样大厦林立，当时也没有什么大旅馆。其与艺妓开房的旅馆大约都是从现今位于法租界内的大智门车站前一带的旅社，还有从现今的阿拉斯加向西走一带的旅社。其枕钱一般三圆以上，高者在七八圆上下。有的艺妓也可包月，虽说包月但不能阻止艺妓赚钱，不过既然住在一起，艺妓早晨可以招待客人一餐稀饭。在艺妓处包月的价格是四十圆，如此想来，笔者的薪金虽低，但艺妓要价也不高。仅四十圆就可在艺妓处包月，从现在

---

① 净琉璃：日本传统的在三弦伴奏下的一种说唱，其琴身为四方形，上面大多蒙猫皮。

② 芥川龙之介：(1892—1927)日本大正时代的著名小说家，35岁时，在自家喝安眠药自杀。

的物价来看，这简直是不可想象之事。那时旅社的住宿费通常是小洋六角到八角，如果价格超出此线，二等艺妓不会租住。宾馆式的旅馆每晚四圆左右。

如果沦为三等以下，就完全成为日本所说的女郎，在通济里、笃安里一带枕钱为三圆，庆安三里一带、沙家巷一带为铜钱二串文。价格如此低廉，其条件就可想而知了。上二楼屋内房间抬头可见瓦，而且狭小局促，各房间都没有电灯，只用油灯照明。牛皮巷处更加脏乱。说起三等以外的私娼话题还要多，暂且在此割爱。

第九节
一等艺妓的赚钱手段

如前章所述汉口本帮即南城公所的惯习与苏州帮有所不同，与扬州帮亦有不同之处。在三班之中尤以扬州班最为繁琐、规矩最多。苏州班大致与日本大正年间的艺妓无异，就是以金钱为目的，但这些艺妓决不外宿。有些大胆泼辣的女子甚至废掉酒席等繁琐规矩，直接迎接客人并当面讲价，如此爽快直奔主题，让来客欣喜若狂。艺妓们虽然最终目的都是为了钱，但本地帮遵守底线，不破坏规矩。扬州帮对是否熟客并不紧要，是否现洋才是不能马虎之事。辛亥革命后，在汉口市面上并行官票(湖北省官钱局所发行的铜元票)和洋钱。当时苏州班的艺妓花酒钱每桌银币 20 圆，麻将牌的牌资也大致在 20 圆上下，与此相对，本地帮仅 20 串文。由此可以看出苏州班最为奢侈，要价最高。前面提到过不必支付“枕钱”，但如果是初夜则要给 30 圆的贺礼；其他如前所述，要想潇洒，花钱则多多益善。有些有钱讲排场的熟客为了博得老鸨和所喜欢的艺妓的欢心，除在其生日那天举办豪华宴会之外，还要在秋天办菊花会、冬天办消寒会，都是一色的豪华酒宴。

民国二十年的大洪水之后，蒋介石倡导新生活运动，使妓院生意陷入低谷。如果妓院的老鸨及艺妓们再因循旧习，恐怕连饭都吃不上。此时联保里的艺妓也处于同等状况，都纷纷向法租界逃遁，进入法租界以后，原来的一等艺妓风光已不在，一律都变为三等身份。由此男客也不必再遵守过去的惯习，也就是说男客和艺妓都不需要再保持矜持，维持一种温文尔雅的氛围，那么，剩下的就是赤裸裸的肉欲，如此利落地直达目的，固然有可喜的一面；但没有了那种远离尘世、醉入梦乡、飘散幽雅花街氛围的情调，还是让熟悉此道的通人感到无比寂寥。

相会一等艺妓所需要的花费如前所述，若在中国菜馆、西洋菜馆、旅馆、日式料理店，招歌妓唱曲其费用大约都是一串文。在日本花街招歌妓出演叫“线香费”，也就说日本是根据时间计算费用，根据燃烧的线香的根数计算其费用。与此相对，汉口是根据出演次数计算，每次一串文。如果想和汉口的歌妓在一起时间长一些或多聊一会儿，还可以到歌妓的家里去。到菜馆陪客唱曲的歌妓没有准确的出行时间，主要是根据“局票(订单)”的情况，局票一来就到菜馆来；一般都是阿妈、男琴手随行。当歌妓在席间找到为自己出局票的客人后，默不作声地来到客人跟前，此时中国歌妓与日本歌妓的情况完全不同，从歌妓的行为举止来看，没有受过专门的职业训练，很难想到是前来陪酒的歌妓，甚至让人感到有些突然。歌妓落座之后，首先客人打破尴尬，拿出烟来说：“请吸支烟吧！”如果歌妓会吸烟，就会不作声地抽出一支；不吸烟的歌妓就会说：“我不会吃！”然后落寞无话。当歌妓拿起烟后，客人随后为她擦火、点烟。过一会儿后，她说：“想听什么？”这时如果客人沉默没有决定，歌妓决不开口。当歌妓想唱的时候，坐在边上的胡琴手拿起弓，开始“吱吱”调弦儿。至于歌妓想唱什么，事先都和琴手约定好了，为此琴手开弓一拉弦，歌妓就尖声细嗓地唱了起来。这和日本的“席间小曲”形式差不多。歌妓一曲之后又默不作声。有时席间不只是一位歌妓，若接连唱下去，可能会影响到别人的生意；当然也有接连唱几首的，但这种情况较少，大多数是开嗓只唱一首，然后坐一会儿说：“我回去了。”就离开了宴席。随后客人将一串文交给婆子，前后时间不过三十分钟左右。即使有多位歌妓席间作陪，包括唱曲、交谈也不过一个小时左右，很少有长时间作陪。为此，这些歌妓们每晚要跑很多菜馆。

日本花柳界将花魁比喻为“榻榻米上的锦衣讨食者”，在中国也有“秋风未鸣游女珮”的诗句。这说明在艺妓们华丽外表的背后，有着悲惨的生活遭遇。寒冷的秋风之所以未能吹到游女的玉佩，那是因为游女时刻都为寒风所包围。中国的近世的诗人站在艺妓的立场上吟咏出了这样的诗句：“都言奴家是鸳鸯的伴侣，怎知妾身是哀鸿的一只。”这句诗深刻地道出了艺妓、女郎的身心痛苦，这无论在日本还是在中国，艺妓的境遇都一样。在日本有“半玉”①，中国有雏妓。据说中国的雏妓在女孩儿很小的时候买进，然后培养成艺妓；按理说应该受到精心的养护，而实际上并非如此，一旦入行就失去了一切自由，受尽龟头、鸨母的欺凌，境遇非常悲惨。汉口花柳界的记者曾告诉笔者训练雏妓大约从三岁开始，完全不同于平常的女孩儿。中国普通的幼儿为大小便方便，无论男女均穿开裆裤，而雏妓要穿整裆裤，避免皮肤粗糙。到十六七岁以后更有各种严格限制。据说这是南京、苏州的培养艺妓的方法。认为没有培养前途的艺妓，在不接客时，作为粗使丫头安排各种重活，饮食很差、睡眠不足；为此，在接客时眼光呆滞、精神恍惚，不可能给客人带来愉悦的感觉。

另外，在中国还有“捆账”这样的限制艺妓自由的做法，所谓捆账按照字面的意思来解释就是艺妓本人失去一切自由任凭老鸨做主，不管是多么不喜欢的客

---

① 半玉：日本风俗业的少女，大多在9～10岁入行，学习艺妓的技能。因为艺妓费(娼妓费)减半，所以叫半玉。

人都要接待，绝对不能拒绝。二等以下的艺妓几乎都处在捆账的状态，她们的生活甚至在雏妓以下。比较自由的是“分账”的艺妓，艺妓与妓院的老鸨是买卖关系，艺妓向妓院缴纳住宿、伙食费，为此，如果遇到不喜欢的客人可以拒绝。如果觉得累了，也可以自己决定休息。老鸨对此不能干涉。这一点大致与日本的“自前艺者”[①]相当。尽管如此，她们的生活也不能说得上是快乐，也有很多难言之苦。其中主要一条是要受到地方黑社会和流氓的控制。现今在法租界生活的艺妓生活非常痛苦，曾在汉文报纸上看到识字的艺妓的投稿，可以说字字都是用血泪写成。近来，艺妓的生存条件越来越恶化，全无昔日艺妓幽雅的面影，其生活完全沉浸在黯淡、悲惨之中。像这样的事情说起来败坏兴致，与风流韵事大相径庭，就不再多说了。

第十节

花街的大姐大——王大金玉

在中国年代越是久远，其教坊之女的地位就越高，这一点似乎已被国际社会所熟知。历史上久远的事情就不必说了，近世以来，最为我国读者所熟知的，就是义和团事件与赛金花的事。起源于近代的汉口花街至今也不过五十几年，因时日尚浅，未能留下许多佳话。但如同日本留下很多“游里文学”一样，在汉口也有一些与花街有关的诗歌。笔者过去经常到二等艺妓家里去游玩，记得那是初夏五月的一个傍晚，那天有些炎热，婆子买来作为夏季退暑之用的团扇，这个团扇产自福建，是用棕榈叶编织而成；艺妓见此团扇说：“在上面写点儿什么吧！”于是提笔写了一首诗，像是绝句。现在那首诗已经记不全了，大约只记得最后二句写的是：“此物低廉不足贵，但可携风入君怀。”笔者不完全了解这位艺妓的身世，也不知道为何沦落至此，仅从其笔迹，还有当我写下记忆朦胧的唐诗时，她能为我校字订正来看，可能不止上过三四年学，也就是说有一定的文字基础。我还听过一位艺妓讲她二十多年前的事，那时他哥哥在第一次革命时，被革命军所杀；被杀时她亲眼所见。根据这些迹象猜想：她们不像是社会底层家庭出身的女子，她们与一等艺妓不同，一等艺妓基本上是从小培养出来的，而她们由于各种原因家道中落、无以为生而流落到烟花巷中。在日本也有这样的情况，女郎往往比艺妓更有学识；在汉口有很多二等以下的艺妓都能识文断字。

在汉口广为人知、流传至今的是花街中的人物——王大金玉。说起来这是辛亥革命以前的事了，王大金玉与当时的女子最大不同点在于不缠足，以其貌美典雅而著称，她的高雅品位不仅在当时一鹤当空，自此以后也并无来者可比。有

① 自前艺者：自己负担生活费用的艺妓。

如此佳丽在世，惹得冶游郎们纷至沓来，据有幸相会者言：果然是一颦能倾城、一笑能摄魄。在她的住处有三个房间，一间是客厅，另一间是寝室，而最引人注目的则是书房。她的书房不仅书多，而且质量高，稀缺珍本杂陈其中，让人感到古趣盎然。大金玉不光是书斋型美女，而且还是有社会责任感的活动者。在汉口首次由她创建"艺妓工会"，此工会（帮）建立起来后，她自任工会会长，并将工会的常设机构命名为"清香堂"，其有关章程均出自她的手笔。由此，极大地提高了汉口的艺妓地位。现今汉口本地帮的妓院之所以在门口所挂的灯笼上还写着清香堂的字样，就是尊崇大金玉之道，以大金玉为荣。总之通过大金玉建立艺妓工会，将艺妓组织起来与社会抗争来看，是品性孤傲、有性格之人；尽管如此，她还是受到客人们的尊重。

再说点儿题外话，前些日子，出席某宴会，在席间闲谈时，有人问道："在中国为什么把艺妓叫做校书，依据何典？"我一时间也答不上来，回到家里经查阅史料才知，在《鉴诫录》这本书里有所记载：蜀人将妓称为"女校书"，自唐妓薛涛始。薛涛诗文绝佳，寓居蜀中。胡会赠诗曰："万里桥边女校书，枇杷花里闭门居。"将艺妓称为"校书"盖出于此。说起校书，在中国历史上有"校书郎"的官名，专管图书文献。从三国到宋代都设有"秘书校书郎"之职，现今的秘书之名就是由此而来。在中国古代还有秘书官厅，自元代改朝后，这个机构才被撤消。回到原来的话题，古语云："做人六分义气，四分热忱"，可见对人必须要有义气，特别是在花柳界，艺妓之所以能出名，在她们身上都有一股义气。人们都说汉口的大金玉在她身上就有一股任侠之风。

当时有位商家的公子经常出入金玉的寓所，大约持续一年左右，此间自然花钱如流水。由此，这位公子与家里父兄关系紧张进而闹翻，到了父不认子、子不认父，兄不认弟、弟不认兄的程度。也就是说在家里遭受到了日本所说的"勘当"①。平常这位公子颇为潇洒，说有二三万两金钱可使，实际上，一旦和家里断绝了关系，如同从树上掉下来的猴子，很快生活就难以为继。尽管如此，还坚持到金玉处相会，最后，终于有一天，没有资金再去南城公所了。而此时金玉已对这位公子由爱生情，把他作为自己将来的丈夫对待，只不过未将此意向他告白。她既然在心中有此打算和安排，公子不来访，自然令她感到凄凉无限。有一天，金玉碰巧在街上遇到这位公子，急切询问不来访的缘由，公子支吾搪塞、极力掩饰，不愿意说出实情；金玉察觉有隐情，遂将公子邀到自己家里，详加询问，才得知实况。金玉认为公子之所以落此地步，都是迷恋自己所致；现今闹到与父兄断绝关系的程度实堪可怜，再不能让他这样流连下去，为此慷慨陈词加以鼓励："妾认为你有才气，也有气概，绝非平庸等闲之辈，既然贵双亲已放手于你，倒不如趁

① 勘当：断绝主仆、师徒、父子关系。日本江户以后主要指父亲与儿子断绝关系，断绝关系后其子即失去继承权。

此机会展示你的才华，你绝对不可消沉下去!”然后，表明了自己平素已把公子作为未婚夫的心迹，并慷慨许诺赠银三千两。尽管此庞大数目的金钱并不容易筹措，金玉还是以其义气最后履行了自己的诺言。如果按现今的物价来核算，那时的三千两银，大约相当于现在的十万圆钱。赠金之后，金玉劝公子到北京发展。临行前金玉说了这样一番话:“妾早已以心相许，你到北京若能得志，不要忘记妾还在汉口等着你!”公子在金玉激励和资助之下到北京寻求发展，之后虽未建立宏业，但仍能作为名士活跃在北京，遗憾的是公子最终未和金玉结成夫妻。这就是流传在汉口花街坊间的一段有关金玉的哀婉佳话。

笔者来汉口时，某银行职员因为在长怡里寻花问柳而动用银行资金，被银行开除，落得无处可去，有段时间只好到我这里起居。这位苏州青年流落之后，经常受到艺妓的资助，后来到上海谋生的旅费也是艺妓赠与。在中国花柳界的艺妓们的任侠之气不能不让人慨然咏叹。当笔者起笔撰写本稿时，还想涉足一下汉口日本的料理店的发展史，因涉及日本方面，还需慎重考虑一些问题，最终未能成稿。

第十五章

一元路回想录

第一节

西门子大楼与“四三事件”[①]

我日本帝国对华所实施的新政策，在汉口市内的街道管理上也能反映出来。自去年起对汉口市内的街道进行了变更，伴随汉口租界地返还，汉口特别市政府面对汉口全市进行了重新规划，决定将八十万市民的居住地从第一区划分到第七区，在街名之上冠以区名，其区名以数字表示。例如法租界被编入第四区，从前的德租界和返还的日租界被编入第五区。下面所要讲述的是划分为第四、第五区的横头的一条道路，这一条路就是一元路。其南侧被划入第四区，沿北侧一带的建筑都划入第五区。汉口特别市以汉口为样板进行规划，但一元路这个区域尚未变更，并不是不想变更，而是还没来得及变更，所以一元路这一条街道一部分属于第四区，而另一部分属于第五区。

与原来在法租界的阿尔萨斯·劳伦斯街一头的一元路呈丁字形的地方是现今的四民街，还有一条在东边的法租界时代叫吕钦使街的街道，现今改叫两仪街。无论是两仪街还是四民街，现今都是东起一元路西到江汉路的很长的街道，如果按照日本的街道区划，还要细分为若干“丁目”(横街、小街)才好，然而在中国没有相当于日本这样的将长街用“丁目”割断的方法。由此，给乘车带来麻烦，比如:就四民街来说，昔日的阿尔萨斯·劳伦斯街的一部分的德领事街、湖南街不存在了，拿两仪街来说，吕钦使街、洞庭街没有了。所以在日本租界地时代如果说到两仪街，实际上是指从东到西大约1.5公里长的这样一个模糊范围。前不久笔者和汉口车行的人谈起此事，如果不习惯叫“丁目”，也可叫横街。车行人说:“一元路东起河街到汉景街，这条街道上建筑物不多，找起来不会很麻烦。”

的确如此，在这条大街上只有几座比较显眼的建筑物。其一是德国领事馆，这栋楼的侧门面对一元路，其正门面对河街。其二是历史较长的同仁医院，其大

---

① 标题为译者所加，“四三事件”请参看37页脚注。

门面向吕钦使街一侧;事变前这条街除同仁医院外,其他与日本人关系不大。其三,有一幢比较新的大楼,这是十几年前建成的,原来是权联局的办公地点,现今成了某俱乐部。其四,在这幢大楼的前面还有一座位于汉中街角上的大厦,这是与一元路相关的最好的楼,这栋大厦就是西门子公司,西门子起源于德国帝国时代,这栋楼就是为了向中国的中部地区销售机械而建立起来的。德国领事馆在这条街上建馆的同时,西门子公司在这条街上建楼。这栋楼的落成时间大概是山本伯爵在帝国议会上提出"西门子事件"[①]的时候。原本西门子公司的这幢大厦与日本侨民没有什么关系,然而自 1927 年春季起,与日本产生了相互排斥的关系。1926 年底到 1927 年夏,在汉口出现了共产党,而共产党机关的各办公机构就设在西门子公司大楼内。鲍罗廷顾问在此主持事务,全面推进共产政府的各项工作。

1927 年 4 月 3 日,在汉口爆发了"汉口事件"[②],在汉的日本侨民都到一处避难,接着鉴于时局的发展形势准备撤回日本本土。此时停泊在日本租界地前面长江上的帝国军舰的大炮已对准了西门子大楼和交涉署内的共产政府,只要一声令下,就可将大楼等炸毁。然而如果炮击就会给日本侨民遣返造成很大混乱,为此日本军民都以隐忍、克制为重,在没有炮击的情况下日本侨民顺利撤回了本土。在当时如果形势再恶化,号称一元路第一大厦的这栋建筑就不存在了。现今也将这次事件叫做"四三事件"。

第二节
执照·护照及外交交涉署[③]

原来将贯穿特一区中央的纵向道路叫汉中街,现今将这条道路叫做中山路,中山路成为了从西到东贯穿汉口的主干道路,这条道路也是现今四民街的出口。一元路横联中山路,之所以叫横联,那是因为中山路与一元路的相交地点不是十字路而大致呈丁字路,一元路只越过中山路少许。与日本人有很深的关系的建筑就是从四民街到一元路的左右沿街的建筑。事变以后,在这条路上的东西两面都有日式的料理店,东面是日本的喜乐料理店、西面是万家料理店;在事变前,这两栋建筑都是外交交涉署,外交交涉员就住在这里。说起外交交涉署,这是与日本人打交道最多的中国机关,而现今的涉外事务全由日本在此办理。此外,在汉口市内还有一处办理涉外事务的机构,叫"洋务公所"。前面提到的外交交涉

① 西门子事件:西门子公司向日本海军高官的贿赂案,1914 年 1 月被发现,同年 3 月涉及政界,导致以日本海军统领山本权兵卫为首的第一次山本内阁总辞职。

② 作者在此所说的"汉口事件"也就是前文所说的"四三事件"。

③ 小标题为译者所加。

署是直属于中央政府的涉外机关，而由湖北省政府处理的对外关系事务都由洋务公所具体经办。洋务公所自民国以来就存在，其位置在江汉路的“思明堂”①的斜对面。现今在洋务公所的入口处有一家中国的办公机构，不清楚具体做什么。这座建筑物的地皮的所有权也属于洋务公所，至今洋务公所地界的界石还立在狭窄的人行道的旁边。这处办公机关的遗迹无言地述说着自清朝起外国人在汉口居住以来，湖广制台下所设置的对外交涉机构的历史。

外交交涉署直属于中央政府的外交部，为此在此部门任职的外交官员自然要比洋务公所的层次高一些。事变前李芳在此任职，其后国民党还都后，李芳被南京政府任命为罗马尼亚公使。在此之前，陈介在此任职很长时间，在重庆政府与德国断交之前，他一直担任驻德国大使。为此，年轻的时候，在地方上有做交涉员的经历，其后很可能成为中国外交方面的人物。现今已经没有交涉员这一设置，与此相应地改设为外交办事处。

前文说过外交交涉署是日本人与此机构打交道最多的中国机关，在事变前，日本人在中国无论是经商还是旅行都要得到此部门的批准。事变以后，来到中国的日本人比如到孝感、应城，或者到更远的沙市、宜昌都不必得到中国外交部门的许可，不是中国政府不想管理涉外事务，而是在日中处于战争状态的现今，中国方面已经不能按照过去的外交条约来管理中国的外交事务了。事变前，日本人到中国内地旅行必须要带旅行许可证，将旅行许可证叫执照，将商品携带许可证叫护照。在日本人中，有人被称为“中国通”，所谓的中国通不是精通中国各部门、各机关的学问人才，而是专门针对中国的风俗习惯、商业习惯等有深入的体会者，或者对中国的局部历史、地理有所研究，进而以漫谈、杂文、随笔等形式汇集出版的著述者而言。对中国地理、历史有精深研究的权威者反而不称为中国通，中国通的定义大致局限在对中国习俗有深入了解这样一个范围。

不过在日本连中国的护照、执照之类问题都没有弄清楚的自称为中国通的人也大有人在，有位大报的新闻记者号称在北京有八年体验，这位记者就属于连中国的护照、执照都没有见过的、令人惊奇的中国通之类的人物。还有一位先生据说是著作等身、又有学位，他以中国通的口吻在杂志上发表文章说：“……我有护照，但我在中国旅行不用这个东西，我把它丢在东京的书房里了。”在文章里他还特意在护照后面加上括号加以说明，但从括号里的说明文字来看根本就没有弄清楚执照与护照的区别，而是将两者混为一谈。从情理上来说，既然中国给你发了执照，你就必须带在身上才能旅行。你说放在东京的书房里，实在让人不可思议。无论日本官厅还是中国官厅，发放执照的目的都是为了不让旅行者在旅行中遇到麻烦。

---

① 思明堂：日本在汉口的书刊出版机构，具体在江汉路 30 号，内田佐和吉的《武汉巷史》等书就是在汉口思明堂书店出版的。

在中国发放执照的官厅是交涉署，其交付的手续费为每件 5 圆。中国的交涉员在所发放的执照上详细注明从何年何月到何年何月，从何处出发到何处旅行等事项。在旅行期间，旅行者所通过的沿途各县政府都负有责任，为了防止发生不测事情，官府往往还要派护卫护送。各县之所以这样做，肯定是收到省政府的通知，如上这位先生所谈，把护照丢在东京的书房里，其结果应是不能在中国指定的地方做生意，而没有执照不可能在中国旅行，也就是说要在中国旅行必须要有执照。

执照起始于清代，到民国以后，仍然按照清代的外交管理制度进行发放。其执照是长 2 尺宽 1 尺多这样一个非常夸张的尺寸。在里页的印刷纸上注明："日本帝国臣民××某。"中国地方知县都是科举出身，对中国的古典学问自不待言，然而对日本并不了解。当看到日本帝国臣民时，按照中国的意思来解释那就非同寻常了，所谓"臣"可以理解为朝廷的大臣，日本天皇的至尊家臣或直接下属，为此中国地方知县见此都非常尊敬，因而日本的旅行者受到盛大欢迎。到了民国以后，交涉员和前清一样对旅行者发放执照，但只是粗糙的一张大纸，其后虽略有所改变，不过是纸型小一些或纸质好一些而已，在印刷上的变化是由木板印刷转变到活字印刷。笔者曾搜集很多执照和护照，准备寄给故乡的商业学校或高等商科学校作教学资料，然而由于事变爆发这些资料都已散失了。随着时代的变迁，清朝所发放的执照和护照若存放到现今，就会成为古董了，想必会有一定的价值，为此，每当想到此都觉得有些可惜。

下面再对中国外交交涉员所发放的相当于 Passport 的执照作进一步解说。在此之前需要先说明的是：现今中国南京政府已经还都，我日本国将对中国采取新政策，而新政策无非是对需要保留的条款进行保留，对不需要的条款进行取消，而在中国旧的条约没有被取消之前还应该默认它的存在。在旧的日华条约里，中国对日本开放了一些开港城市，在条约中规定：如果日本人离开开港城市一步，就必须要携带执照，显然这个规定是理所当然地应该存在的事项。但这里存在一个开港城市的范围问题，宜昌、沙市、汉口都是开港城市，但汉口面积广阔，而沙市面积狭小。因而存在着某条街道是开港地，如果就此再前进一步就是非开港地，而到非开港地就需要执照的问题。由于开港地界限不明，给开港地的地方官吏管理居住在该地的外国人带来很大的难度，为此，必须要界定开港地的范围。唯有这样才能使外国人具有不携带执照就可到开港地之外（近郊）活动的自由。

就汉口来说，在日华条约中就开港地的范围有这样的解释：以开港场为中心直径十哩[1]的范围都是开港地，在此范围内可以不必持执照自由通行。那么，汉

① 哩：英里（mile），1 英里为 1760 码，约 1.6 公里。

口的中心点在哪里？笔者不知道；是依据哪一条街呢？笔者也不知道。假设以江汉关的钟楼为中心，那么东西南北均以5哩的距离放射来看，汉阳和武昌都包括在内。武昌南湖旧炮兵营地一带可能在5哩之外，而在5哩之内的武昌大部分地区不应该受到执照的限制。武汉大学、卓刀泉、黎总统墓地虽然远在5哩之外，但这些地方都是武昌的有名的游览之地，如果外国人沿钵盂山一带漫步游览，就不应该要什么执照。如果加以禁止，也有一定的管理难度，实际上也没有发生过以条约为准绳禁止外国人散步这样的事情，就是在排日运动的高涨期也没有遇到过类似的麻烦。

去年10月笔者去武昌，在码头上被查问是否携带"居留民证"，感到非常吃惊。过去很久以来都是检查执照，为此在脑海里经常出现的证件是执照，没有想到会查看居留民证。现今武昌与开港地的汉口已经没有什么区别了，特别是在事变后，有段时间，外出时甚至连居留民证都不需要了，只随便地带上一个证件，有时竟是很难表明身份的"预防注射证明书"。在这段时间可以这样说：我的居留民证不是放在东京书房，而是放在汉口家里的抽屉里。

如果是面对省政府机关的人，拿出条约的条款进行一些说明和辩解似乎还可以过关，而现今似乎有些行不通，特别是面对武昌的领警，没有多少解释的余地，只能到警察署的署长处办理临时证明书，以此通过乘船的检查。为此，在外出时要问清楚需要检查的证件，不能想当然地按照老皇历办事。现今处于战事期间，无论去仙桃镇还是去汉川都不需要执照了，只要居留民证便可，此时居留民证绝对不可遗忘。

如上所述，按照条约规定只能在以开港地周围10哩以内活动，护照也有规定的范围。如果将来迎来和平时代，取消了管制，代之而来的在内地不自由的出行情况也会得到解决。到那时，类似于执照的证件估计就没有存在的必要了。无论多么文明的国家都不可能没有Passport，但中国的执照的作用与Passport有所不同，中国的执照对于地方的知县来说，如上所述，具有保护持有者的这层意思，当然这是由于地方治安不稳定所带来的附加含义。执照与发给外国人的到日本旅行的旅行许可证的性质也有所不同，从北京坐火车沿京汉铁路来汉口，途经河北、河南、湖北，按理说应该持执照乘车，但因为外国乘客是从开放口岸城市北京到开港城市汉口，并没有在中途下车，并不需要沿途官吏的保护，由此也就使其失去了执照的证明性质。

日本人去外地旅行必须要经过外交交涉员公署批准，由此，日本人与交涉员公署必然地产生关系。在共党政府占领武汉的时代，以日本人不答应中国人所提出的要求，或日本人抓了纠察队的人等理由，经常把日本人强行拉到这个事务所来。如果日本人捉拿了中国人以后，中国人就会产生报复心理，甚至捉旅行中的日本人，并像对待俘虏一样对待被捉的日本人，将日本人押到交涉员公署作为交换条件。其后由日本总领事馆出面处理，将被捉的日本人遣返。在“四三事件”、“水杏林事件”[1]之后，日本人经常被中国暴徒(被中国官宪默认的暴徒)非法拘禁，受尽侮辱，最后经交涉员公署引渡给日本领事馆。为此，在汉口的日本人每当想起外交交涉员公署这个建筑物，心中就充满了仇恨。好在这一切都随大东亚战争得到了清算，已经逝去的那个年代再也不会重来。我想将来不需要护照、执照的时代一定会来到，那时无论到任何边远的地方旅行都不会因治安紊乱而寻求官衙的保护。大东亚战争之后是大东亚建设，为此这是需要充分考虑的一个方面。现今洋务公所已取消、交涉员公署也不存在，现今的外交办事处与以往的外事机构有着不同的性质。

第三节 盐务稽查所大楼与中国的盐政[2]

在交涉署的东邻有一幢三层楼的钢筋水泥的漂亮建筑，这也是一元路上的最新的建筑物，现在为一家俱乐部所用。这栋建筑是作为盐务稽查所而建立起来的，直到事变时为止，一直是盐务稽查所的办公机构。在稽查所的旁边，有一个小些的楼房，那是矿产委员会的事务所。那是1936年底，南京政府决定金属锑为专卖物资，由此成立了矿产委员会。实际上不光是金属锑，其他诸如钨、锰也不允许民间和地方随便销售，也就是说由蒋介石政府寻找销售的对象。在此之前，日本商人能够不受阻碍地购进锡、锑等矿产；蒋介石专控后，日本商人很难购进这些金属。如前所述，这个矿产委员会的事务所就在盐务稽查所的旁边。这个矿产委员会对一般日本商人关系不大，然而却会对日本的企业产生重大影响。对日本的一些中国问题的研究者而言，自然知道南京政府的这个委员会的组成以及专控的目的。

在一元路上有一些中国的办公机构，这其中有些与日本有关系，有些与日本无关。如矿产委员会这一机构从表面看似乎与日本无关，然而在实际上与日本有重大关系。那座漂亮的混凝土建筑似乎与日本没有直接的关系，但从国家的角度来考虑就不能说没有关系了。一元路上的盐务稽查所是从五国银行财团贷款建立起来的，这五国银行财团里当然也有日本。像笔者这样的从事新闻行业时间较长的记者对五国银行财团并不陌生，毋宁说与新闻事务相并行。有些事就是这样听起来很新，给人以新事物的错觉，而实际上都是很早就有的，中国的盐务就是一例。盐务稽查所在重庆就已建立，事变前后大约有八年的历史。现

---

① 1928年12月17日汉口的中国车夫在汉口日租界同德里停车场被日军驻汉口水兵团炮车撞伤致死，因日方态度蛮横，引发汉口各界的反日运动。

② 标题为译者所加。

今武汉的食盐情况读者已经很清楚，事变以后的事情，读者大概都已了解，在此不赘述。本文既然是谈一元路回想录，那么就要谈到盐务稽查所，并由此追寻它的历史。

在中国自古以来就有盐法，所谓盐法就是对食盐进行课税、专卖的法律。在日本对食盐实施专卖制度大约起于明治三十年(1897 年)末，在此之前，被海包围的日本各自随便烧盐。如一首古代诗歌所吟咏的那样："煮盐烟不断，我心受熬煎。"[①]这里所说的盐是"藻盐"，也就是说用海藻煮盐。其后由煮盐所产生的心理联想，在日本古典诗歌里大量出现。商业发展以后，在播磨的赤穗、阿波的齐田，都成为重要的食盐产地。食盐乃是人民生活一日都不可缺之物。然而，在中国由于国土辽阔，海岸线又集中在东部，给食盐运输造成困难，虽说也出产岩盐，但由于交通不便，要想把食盐送到中国四亿人的菜碗里仍是一个很大的难题。食盐和碳酸钠都来自大地，特别是青海湖的水，其盐分含量很高，可以说是海水含盐量的几百倍，尽管有此优势，要想从西北地区把食盐运出来仍有很大的困难。由于食盐是紧缺物资，早在先秦时代就已经对食盐进行课税，作为当政者一个重要的财政来源。在战国七雄中的齐和秦之所以能建立起霸业，其重要因素之一是利用盐业之利带来财富。明确建立食盐的专卖制度起始于汉武帝时代，其后的宋代是食盐专卖制度的兴盛期。宋代汇兑业务成熟，从整体上来说是一个商业发达的时代，由此也促进了专卖制度的发展。盐务稽查所打出"榷运局"的招牌，这个"榷"字在中国的历史上具有专卖的意思。在唐代还可见"榷盐"这样的文字，在这里所说的"榷"显而易见也是表示专卖的意思。据说现今在中国已出版了《中国盐政史》一书，如果读一读，一定很有趣，但我至今还没有见到。国民政府就是以具有悠久历史的盐税为担保，向五国银行财团筹借政治改革资金。

民国二年四月，北京政府为了筹集政治改革资金，与日英美法俄五国银行财团缔结了善后借款条约。此时是中国革命后不久，中国政界不稳、时事变化多端。转向的袁世凯握有国家大权，以盐税收入为担保向五国财团筹款，五国财团为了确保投资资金的安全，在筹款条约里专项设置了监督中国盐税这样的条款。作为外国人的监督机构，建立了盐务稽查所。在翌年的民国三年二月，依据公布的条例，中国政府在北京设盐务署，此部门为全国盐务最高监督机构，本署内置盐务稽查总所，设总办一名、会办一名，统辖其盐务的许可证发放、收入报告制定等一些行政事务。盐务稽查总所的总办由中国人担任、会办由外国人担任，盐务署长、盐务署外国人顾问分别由总办、会办兼任。总办、会办两者权限相同，但其财务命令由财政厅长名义发出。此外，在食盐产地设置盐务稽查分所，其所长分别由中国人和外国人担任，对盐税征收及盐税税金的保管负有连带责任。五国

① 煮盐烟不断，我心受熬煎：日语原文是"焼くやもほしの身もこがれつつ"。作者是日本古代著名诗人、《小仓百人一首》的编撰者藤原定家。

财团的善后借款就是在这样一个组织形式下成立的。中国的盐政在事实上已被置于外国人的权力之下，被外国人所控制，其盐税收入也在外国银行财团的手里保管。

国民军北伐完成、成立南京政府之后，于民国十七年十一月，着手改革盐业旧制。有关盐业的一切税收仍按既定的税收办法由盐务稽查所办理，但所收入的税款要上交国家财政部，由国家财政部负责偿还借款，盐务稽查所无权处理税款。这样一来，盐税的保管权由外国银行转移到了国家财政部。在现今所见到的位于一元路的那栋建筑就是盐税保管权转移时完成的。由于当时建造物价低廉，此建筑物建得沉稳、坚固，可以说是一元路上最漂亮的建筑物之一。

第四节
一元路上的文化设施①

前不久，在十九区街道会人们的努力斡旋下，"兴亚儿童园"建立起来。在天气晴好的时候，日本的小孩儿们在这里欢快地玩耍、游戏。在这片儿童游乐园的空地的旁边，大概是木材堆放场，再往前走就是电影院了，当时很多日本侨民都到这里看电影。这家电影院叫世界影戏院，就是现今位于五族路上的世界戏院的前身。那时在两仪街上的上海影戏院还没有建成，在汉口放映西洋电影的场所只有三家，除世界影戏院外，另两家是中央大戏院和维多利亚大戏院。世界影戏院好像比中央(大戏院)有人气，经常隆重推出一些有分量的影片放映，在夏季的夜晚也常在旁边的空地上放电影。汉口的电影院每当夏季来临几乎都有在室外露天放电影的习惯。中央大戏院也在里面空地上放映，维多利亚因为所处的位置没有空地，将两边的小屋扩开放映。大使馆选择在屋顶花园上放电影。搬迁到五族路的世界影戏院在夏季的夜晚仍然在旁边的空地上放电影。现今兴亚戏场建立在露天电影场的旧址上，由此，露天电影场就销声匿迹了。

有声电影出现以后，其放映机的体积非常庞大，不可能三天两头搬去搬来，况且搬到屋顶上也并非易事。自冷气设备投入使用以后，屋顶花园上放映电影就告一段落了。世界影戏院在这样的状况下落成以后，为了吸引日本顾客，对日本侨民展开了宣传攻势，这因为在汉口的外国人里数日本人数最多，从商业利润的角度来看也不能放过这个客户。总体来说，日本侨民到世界影戏院看电影的人比到大使馆的人多。据说经营世界影戏院的老板叫陈果夫(与重庆政府的要人同名同姓)，陈果夫和他弟弟都生财有道，经常到日本人中间搞促销活动，原本日本侨民与一元路特别是这一带没有多少关系，由于这家电影院的缘故，日本人

① 标题为译者所加。

常来这里。当时,欧洲拍了一部《创世纪》的影片,在各处都成为被争议的热片,不知这家影院如何弄到的胶片,坦然地在放映着。从商业角度来看,一元路在汉口不是特别有商业价值的地方,一般生活较为优裕的中国人都不住在这一带,而能看得起洋电影的人大多都是生活富足的阶层。陈氏兄弟为了年间都有生意可做,将电影院转移到了比较热闹的五族街,并最早在汉口放映有声电影。电影院搬迁以后,一元路又恢复到原来的与日本人关系不大的状态。现今在一元路住着很多日本人,经营商店的日本人起始于军人梅谷一家,此外还有两家食堂,现今都已转向其他行业。原来位于四民街的西本愿寺转移到这条路上来,之后又转移到他处。现今在这里有很多日本人的住宅,原来在这里只有一家。

第五节
汉口同仁医院的沿革及作用[①]

笔者在前文已讲到世界影戏院转走以后,日本人与一元路就没有多少联系,然而还有一处与日本人关系密切的地方,这就是汉口同仁医院。这家医院的大门并不面向一元路而是面对吕钦使街,不过从地理位置来说仍属于一元路。现今法租界已取消,延伸到两仪街的吕钦使街也不存在了,也就是说,吕钦使街与两仪街连在一起,由此原来同仁医院位于两仪街 1 号的位置就会有所变化,总体来说,一元路原来在德租界境内,与法租界无关系。

汉口同仁医院是日本人在一元路上唯一的落脚之地,也曾是汉口唯一的一家医院。这家医院曾在很长时间内为日华两国人民起着亲善联络作用。医院、医生这种机构和职业其本身就有贡献于社会的功能,而日本的医院办在中国更有加强日华亲善之作用。为此,同仁医院的历届院长、院主、医师都得到中国的知识阶层乃至普通民众的尊敬。要讲一元路,必然要讲到同仁医院;要讲同仁医院就必须从它的沿革开始讲起。从同仁医院的沿革中,还可看到日本侨民在汉口的开拓过程。汉口同仁医院是现今位于四民街的武汉医院的前身,前年这家医院的院主藤田敏郎去世。在此之前有河野丰藏[②]、藤田秀一两代院长,现今的藤田院长是本院成立以来的第四代院长,眼下已戎装在身,在某地赴任。事变前的同仁医院那座红颜色建筑现今成为中国青年模范团的办公地点。

汉口同仁医院于 1904 年 3 月建立,创建者是陆军二等军医正[③]河野丰藏。

---

① 标题为译者所加。

② 河野丰藏:应张之洞之聘神保涛次郎来武昌,神保举荐河野丰藏,河野到汉口之后,在侨民帮助下建立“同仁会支部”,创立汉口同仁医院。

③ 日本军医的等级之一,一等军医正相当于中佐,二等军医正相当于少佐,军医最高衔为军医总监,相当于少将,次之为军医监,相当于大佐。

创立这家医院的国际背景是：当时欧美各国争相对中国进行开发和渗透，英国在香港、德国在青岛分别建立了大学；美国面向中国大量招收学生到美国学习，并为此提供了很多优惠政策，其良苦用心值得赞赏。相对欧美国家的积极行动我国尚未采取任何举措，在观察中发现，汉口在此之前没有一家医院，为此决定以日本的医学为纽带、以医院为基础发展两国的亲善关系。在医院创立之初，德租界正在建设之中，同仁医院也以自己的力量开创事业。本书的前文提到过神保涛次郎，神保是在福岛安正中佐的斡旋下来到汉口，神保于1899年被张之洞聘用，河野是在神保来汉的第五个年头之后来汉口的。河野打出同仁医院的招牌，开始营业时汉口还没有几个日本人。当时在满洲爆发了日俄战争，当时的华人都在观望日俄大战的局势发展，大致可以得出日本人将连战连胜、将俄军赶出全满已是时间问题，为此当时的中国人对在华的日本人有了好感。在这种国际氛围下，有很多汉口民众来到日本同仁医院看病，一时间，同仁医院在汉口被作为一家大医院来看待。

河野最早开业的地点是在法租界内，也就是现今的改为四民街的德领事街，搬迁到一元路已是明治末期了。如前所述，河野开办医院以日华亲善为主旨，在诊疗中坚持日华一视同仁的方针，为此，此医院不光在汉口，就是在长江沿线也颇为知名。在汉口伴随着日本侨民的不断增加，逐渐出现了一些开业医生，截至1923年同仁会汉口医院开业时，同仁医院已建设成了完备的医院。与汉口的各机关团体、商社的日华双方人员建立起了医疗委托关系，这其中根据团体的性质，有些是无偿服务。经过多年建设已实现了当初建医院时所设立的加强日华亲善和联络的初衷，因为同仁医院与很多团体都有医疗委托关系，进行日华联络也具有得天独厚的条件。

随着历史延续，在汉口无论是中国方面还是侨民方面，都发生了很多事情，也连带性地与同仁医院产生了关联。这其中也做了很多救济慈善事业。当然在汉口所做的救济事业不仅限于同仁医院一家，但由于同仁医院历史较长，所产生的关联事情也相应地多起来。例如：1911年的辛亥革命、1916年的民党暴动、1926年的北伐、1927年的四三事件、1929年的水杏林事件、1931年的大洪水，以及对每年夏季传染流行病等所采取的诊疗、治疗、预防的事例是相当多的。遵循当初建医院的主旨，在推进日华文化事业方面也倾注了力量。即，同仁医院很早就开始了对汉口地方风土病的研究，在湖北省政府的批准下，调查并完成了湖北省内的日本血吸虫[①]的地理分布等相关研究。该病也叫“schistosomiasis”，在湖北重点出现在汉阳县的柏泉、蒲圻县的娘娘庙等地的湖浸地区。藤田院长前后十二次到这些地方调查，对400多名患者进行治疗，并对33名重病患者收容住

① 日本血吸虫：日本裂体吸虫。寄生于人及其他哺乳类动物门脉系统血管中的血吸虫科扁形动物。雄性体长7～21 mm，雌性体长12～23 mm。

院治疗，还对一名死者的尸体进行解剖，以以上调查、治疗为依据向湖北省政府提出报告，针对该病最为猖獗的各县提出了具体的预防对策。

以柏泉地区感染血吸虫病的患者为例，如果六七岁感染此病，此后可持续三十年之久，然而到成年以后，男性的生殖器没有发育仍停留在六七岁小孩儿的状态，罹患此怪病者实在是悲惨至极、非常可怜。同仁医院针对此病的病理特点，研究了与淡水鱼的关系，从而取得了突破，为医学研究做出了贡献。说起该医院对文化事业所做的贡献实在是数不胜数，除医疗事业之外，还发行了很多书刊。1926 年以后，发行了日文版的杂志《同仁月刊》，在相当长的时间内都是按月定期发刊。自 1927 年起发行了《华文月刊》，此外还发行了近 20 种单行本，将此赠送给各方面人士，或者销售，大体上很多都赠寄给了医学界。作为经营医院的个体老板，在从事医疗的同时，能出版如此之多的书刊，若没有卓越的努力和持久精神是绝对办不到的。自 1926 年起到事变后复归再兴，都能见到院长藤田敏郎的非凡努力。

同仁医院还有过一段医学教育的历史，有过小规模的试验。创立之初的河野院长就有此想法，但在河野时代未能实现；到藤田院长当任也未能如愿。直到 1923 年，效仿日本本土的长谷川泰的“济生学舍”①，才在同仁医院的院内开设了医学学校。当时招收华人子弟 28 名，在此接受医学教育。学费、食宿、被服一切费用均由医学学校负担，学校的老师由各科的主任医师担任，因为必须要懂日语，所以开设了日语课，日语老师从校外聘请，他就是前年去世的森田安太郎先生。在这所学校接受教育的 28 名学生中有 24 名于 1932 年 7 月由国民政府内政部颁发了医师证明书，于 1932 年该学校又培养了 19 名实习生，经过严格考试颁发了医生证明书，前后合计这所学校共培养了 43 名医师。这些医师分布于现今急需建设和发展的中国中部地区各城市，或独立开业、或在医院勤务，都活跃在中国的医学界。至于日语学校更是开办得比较普遍，其数量之多令人惊讶。在连年不断的排日运动中，同仁医院一直开设日语课程，培养日本系统的医师，这是需要特笔记述的事情。

看到这里或许有的读者认为：笔者太过于褒扬同仁医院、罗列了太多的赞辞。实际上我所叙述的事情还未深入揭示同仁医院，也就是说不能用褒扬来概之。藤田敏郎曾和笔者谈过有关人事方面的辛劳，他说：医院离不开医师，当我到东京聘请医师时，马上就会招来旅费怎么办、住房生活条件如何、如果我遭到暴徒袭击怎么办、有没有生命保险等一连串的询问。当到福冈、长崎去聘请医师就爽快得多了，所问的问题只是什么时候出发。东京的医师们认为，汉口市内充

---

① 济生学舍：“济生”是指 1911 年 2 月 11 日，根据日本明治天皇的“济生敕语”，由皇室拨款 150 万日圆，建立从事慈善事业的团体，其全称为“社会福祉法人恩赐财团济生会”，简称为“济生”。“济生学舍”则是依靠济生资金创立的医学教学机构。

满了土匪,事实上土匪怎么会抓这些刚出壳的没有多大用处的医师[①]呢?为此,以后停止了在东京的招聘。从他的话语中能够了解到过去经营医院在人事上所遇到的问题,这是现今在此行业中的人们难以想象的困难。然而他们就是在这样或那样的困难中走了过来。

第六节
中国近代革命与同仁医院[②]

汉口同仁医院有着40余年的历史,在历史上曾给形形色色的人物治过病。在这里特别要提到一件事,在日本侨民中盛传:"辛亥革命时孙文负伤,曾在这家医院疗伤过。"实际上负伤的并不是孙文,武昌革命爆发之后,成立了中华民国。革命之初孙文并不在中国,而是在美国,当在美国的宾馆里得知武昌起义的消息后,随即返回中国。从时间上来看,在宝善里发生炸弹误爆而导致人员受伤并不是孙文,而是其他革命者。当然,赶到同仁医院疗伤的人员也不可能是孙文,事实上是其他革命党人。前不久蔡乙青写了以钩沉辛亥革命起义史实为主旨的《荆江血影》,在这部文学作品里详述了革命党人负伤以后,赶到汉口同仁医院接受河野丰藏治疗的前后过程。为说清原委,要占些篇幅,现将其相关内容摘译如下:

……武昌城内的革命军人已经枕戈待旦、进入临战状态,蒋翊武、孙武督促起义的同志尽快将宝善里所制造的炸弹运走。大约花了一个星期左右的时间,将炸弹运到革命党人的住宅及各办公机关内藏匿,因为将炸弹藏在皮蛋箱、水果笼、行李箱内,在入城时没有发生麻烦。这时已到七月下旬,骑兵第八大队已接到命令,开赴襄阳。陈孝芬和章裕昆(均为革命党人)已随大队出发,值出发之际,对刘尧澂说:"革命时间大致定在八月中秋,估计在这时一定要起事,我们到襄阳时,差不多也就到了那个时候,然而,襄阳距武昌相隔千里,到时候不知如何联络?"尧澂回答道:"同志们已作好了充分准备,只要这里一起事,马上就会打电报告知。开向宜昌的第十一联队第一大队已经决定由唐牺支负责,我们起事之后,大家都以独立宣言来呼应。至于通信之事,尽管放心,已有妥善安排。近日尧卿和翊武都在积极准备,翊武负责军事、尧卿主持民事,总之,这里问题不大。"

各军离开武汉之后,留守在武汉的各联队大队召开了第一次代表会议,大家摩拳擦掌等待着中秋节来临。然而八月三日(阴历)这一天,忽然南湖(武昌城的南城外)炮兵队的两名士兵,手上流着血、满头大汗,慌慌张张跑到宝善里的总机

---

① 刚出壳的医师:原文是:"卵からかへれたばかり",原意指小鸡刚从鸡蛋里孵出来,在此指刚毕业的意思。

② 标题为译者所加。

关来，看见孙武就话不成句地报告说："孙先生，南湖的炮兵队已经起事了！"孙武一听，甚为吃惊，没有联络就擅自行动，这件事情太大了。接着问道："没有接到命令，为什么行动！究竟怎么回事！"两名士兵这才向孙武说明了原委："我们队上有个士兵，请假回乡结婚，班内的士兵们在一起喝酒祝贺，划拳声、吵闹声越来越大，为此，排长出来干涉说：'上有军令严禁在兵营内饮酒、聚会，如此喧哗更不允许！如不服从，立即责罚，打400军棍，决不宽恕！'此时，士兵们已烂醉，完全不听排长的命令，终于和排长发生了冲突。一队的士兵们拽出大炮，炮口对准武昌城内，拉开准备射击的架势。知道此况的骑兵队赶来进行武力镇压，炮兵队的士兵们见情况不妙，钻进炮兵营内待守。听炮兵队长说：有人已向制台衙门紧急报告，恐怕即可下令，严厉追究。"孙武听完报告后，随即向同志们说："事已至此，我们应即刻起事，先发制人！"然而，刘尧澂赶来说："我已得到准确消息，瑞澂虽然想对炮兵队之事进行彻底调查，但制台的幕僚们认为不宜采取过激处分，否则会动摇军心危害大局，应以冷静态度对待。鉴于此，没有必要将起事日期提前，现今起事日期渐渐逼近，当务之急的事情是应该毫无遗漏地做好准备。"

此后，各联队、各大队的联络员犹如悍马奔走于学堂与军营之间，沟通学生与士兵之间的消息。城内的茶馆、小吃店也都现出联络员的身影，在开一天、怒春园、招鹤楼、杏春园、汉江春等菜馆也闪现学生与士兵的团伙。奉命察看的密探自然注意到了这种情况。八月四日，总督部堂突然接到来自北京外务部的密电，其内容是："革命党首领黄兴已派遣党员分布于武汉三镇，该党已决定在八月十五起事，届时第三十联队的步兵与此呼应占领武昌，所以相机而动，严密逮捕党员，以防作乱。"其电报内容经总督的幕友泄露于外部，一时间，武汉官界上下人人为之谈虎色变，谣言百出、满城风雨。总督瑞澂、统制张彪紧急下令，严查各联队、各大队的军火，以防不测。

官界对革命党的义举时间已有所察、军警已着手防备，在此情势下，蒋翊武、刘尧澂等人在宝善里召开秘密会议，讨论是否在中秋节起事。当时分成两派，一派的意见是改期，而另一派的意见是既然日期已确定，就应该按时起事。在此争执不下的情况下，恰好黄兴来信，信中内容如下云："革命迭起，以失败告终；此次武汉经营须格外谨慎。在与各省联络未通之前，断然不可轻举妄动，大约要等到九月初旬，各省运动趋向成熟，按原计划保证十省同时举兵。在此之前，武汉同志务必忍耐！"蒋翊武宣读黄兴密书之后，郑重说："克强先生做事历来主张急进，然而此次却期待慎重，必然有其道理。况且现今武汉官厅已严密布网监视，我等只能更改义举日期。"此次会议最后作如下决定：将八月十五月明之夜的举事延期到八月二十日[①]，之后召开各联队、各大队的代表会议，通知起事时间，其会场

① 八月二十日：日语原文铅字误植为"八月十三日"。

设在武昌大庙街85号。

八月十五这一天来到了，果然总督衙门宣布戒严，在街上的各路口都是荷枪实弹的警察队伍。警察和士兵沿街巡查如织，呈现如临大敌之状。入夜之后，官宪更加紧张，然而一夜平安无事。八月十八日，在武昌小朝街机关部召开会议，步兵、骑兵、工兵、辎重兵等各军队都派代表参加了会议。蒋翊武作为会议主席首先对起事时间更改加以说明，宣读黄兴密信之后，做如下提议：最初决定中秋举兵，原本不该变更，事已至此，只能既往不咎。错过一次时机，再不能错过第二次，现今街市上谣言日盛，官厅警戒日益加重；在此情势之下，如果再拖延，不下决断，在军警严密注视之下，一旦遭到逮捕只能坐以待毙。我们无论如何要避免这样的不祥事情发生。现今各兵营的士兵中，十之八九乃我同志，余下皆为满洲士兵，并无战斗力。如若我等振臂一呼，必然三镇群起响应。调动到各地的部队里也有我同志在其中活动，当得知省城已得手，必然望风而响应。为此，何恐之有！不能再犹豫！蒋翊武接着又补充道：克强先生的信说最迟等到九月初旬[①]，但不一定要等到那个时间。尧澂听后，站起来，脸上变色、声音激动地说："翊武！为什么还不把时间定下来，如果你再延期的话，就是怕死！你是不是不想革命！"蒋翊武回答说："既然你们都赞成急进，我当然对此也不反对，就决定在这三天之内举兵，你们回去做好准备，等待命令，因为孙尧卿还没有来，具体的起事日期必须要和他商量。"就此决议之后散会，此时正是中午。

张廷辅由兵营返回，因为开会地点是廷辅的住宅，他是为吃中饭而返回。为此，留下刘尧澂和蒋翊武一起进餐，正当大家饭后停箸之时，突然，伯谦来到。他叹息道："情况严重！情况严重！宝善里总机关出了大事故。"翊武听后，愕然，进而急切询问；一瞬间，尧澂、廷辅也脸色大变，凝视伯谦。伯谦无力坐在椅子上，叙述原委："就在刚才李春萱过江来，报告宝善里遭难情况。他和陈达五也在那里，孙尧卿和高楚观在制造炸弹。可能是在方法上出了问题，尧卿面部被烧伤。幸亏楚观迅速处置，没能引起其他的炸弹爆炸，然而这个爆炸声和烟雾从二楼窗户传出，引起附近巡捕的注意。陈达五命令佣人用布盖住烧伤严重的尧卿的面部，迅速送往同仁医院。当巡察赶来时，所有同志都已逃走。但不幸的是，二楼下面的大量炸弹和手枪被发现。巡捕报告江汉关衙门后，齐耀珊、祝书元等率军队赶来，协同俄国工部局巡捕对宝善里的住宅详加搜查，发现革命党人名册、旗帜、通信录等重要文件，连同炸弹、手枪等军火一并收缴。军警机关根据名册已开始搜捕，据说荆襄警防营统领陈得龙已在英租界内，逮捕了刘汝夔同志。武昌城内就要戒严，展开大搜捕。事已至此，请务必迅下决断！"

蒋翊武听后随着一声叹息，眼泪不禁夺眶而出。刘尧澂厉声道："哭有何益！

① 九月初旬：日语原文为"八月初旬"，估计是误植，应是九月初旬。

怕有何益！一不做，二不休，不顾一切，在今晚起事！”正在说话之间，邓玉麟过江赶来，他所带来的报告与伯谦无异。并且他支持刘尧瀓的提议，主张即日举兵。翊武说：“各代表刚走，不经过几个小时很难把命令发出去，他们也来不及准备，在这里人手又少，况且在现今戒严的情况下，能否发出命令也是问题。”尧瀓听后急切地说：“大丈夫做事斩钉截铁，说干就干！值此急迫之时，容不得半点犹豫！马上传令，就在今晚起事！”

因为事件过程很精彩，不禁长文引用。如上所述，被抬到同仁医院的人不是孙文，应该是孙尧卿。辛亥革命当时，武汉三镇的惊心动魄情况在《荆江血影》里有详细描述，在此不再赘述。文中所说的宝善里就在现今四民街的楚善里。就是那家打着正隆洋行及惠通公司的电器器具商招牌的房子，在那里为了举兵而密造炸弹。陈达五将烧伤的孙尧卿送到同仁医院请河野丰藏治疗。当时里露路一直通到武汉宾馆前面，就这样同仁医院的首届院长与辛亥革命的前奏曲，即宝善里爆炸事件产生了联系。其后，革命党和官军的伤员都到同仁医院来治疗，甚至出现双方伤员并床而卧的奇观。从第一次革命到第二次革命，还有民党动乱，每当有革命动荡，都会涌来大量的负伤的求治者。辛亥革命以后，武汉周边地区内乱不断，来院求治的负伤者也络绎不绝。

1918 年早春，在汉口的日本人中间流行脑脊髓膜炎，在汉口为数不多的日本侨民中就有 19 人罹病，只有两人治愈，其他悉数死亡。当时并不是很清楚脑脊髓膜炎是一种传染病，在民间也没有把该病作为传染病对待，将罹患该病的患者与普通患者在一起治疗。之后日本陆军将该病确诊为传染病，我的一位同僚就是因为罹患此病而被禁止出入中支那派遣队司令部的。有段时间，河野院长收治近 20 人脑脊髓膜炎患者在医院治疗，在繁忙的医务工作中他自己也身患重病，大概在 1918 年的正月末去世。继承他院长工作的是他的女婿藤田秀一，藤田将医院经营到 1923 年他去世；之后由藤田的弟弟藤田敏郎担任院长，敏郎将医院经营到前年他去世时为止。与 1937 年的事变同时，汉口同仁医院结束了与一元路的缘分，搬迁到了现今的四民街。由此也将有着四十年历史的同仁医院的老招牌改换为新的武汉医院。我想不管因为何故，不管是什么原因，抹去了同仁医院的这块老招牌都是令人可惜的事。在汉口的中国人中多年来每当负了伤、生了病，自然而然，脱口一句：“快去同仁医院！”延续四十年至今的印象，不管战争也好，排日也好，都是如此。

再说一下近年来的事情，湖北省主席杨永泰在事变爆发的前年，遭到暴力袭击，杨主席身中三弹，他的夫人把他抱上汽车，脱口一句话：“快去同仁医院！”杨永泰遭难隐藏着很多故事，最后把这件事附上，作为一元路今昔谈的结尾。杨永泰字畅卿，广东省文昌县人，辛亥革命后作为国会议员步入政界。之后，当上江西省主席的熊式辉欣赏杨的能力，向蒋介石推荐了此人，蒋介石对此人很重视，作为秘书长放在身边处理要务。中国两广冲突时，他作为蒋的钦差出使两广，达成两方合作，紧接着又促成陈济棠归顺。蒋介石有些论功行赏的味道，让杨坐上了湖北省主席这把重要的交椅。蒋介石在江西的时候，倡导新生活运动，由此在全国厉行展开；实际上，其首倡者就是杨永泰。

杨在湖北的政绩自有公论，他遭枪杀的那一天正是云南起义的纪念日。杨每次出席宴会都是中山装，因为这一天是参加美国领事馆招待会，所以长袍马褂打扮。在家里更衣时，忽然从衣柜里跑出来个大老鼠，杨夫人吓了一跳，认为此乃不吉利之兆，遂劝阻杨不要参加今天的宴会，杨说："已经确定好的事情，怎能随意改变呢！"随后准备出门，这时杨夫人又问了一句："几时回来？"杨随口答道："不回来了。"这样一来，杨夫人就更加忐忑不安，提出要随他一起前去参加招待会，当时他们夫妇还有一个婴儿，把婴儿放在家里也不放心，最后决定让女佣抱着婴儿一同前往。宴会平安结束后，坐车到江汉关码头，从这里上摆渡，然后乘小火轮回武昌。这一天风特别大，正当他走下汽车准备上摆渡的时候，一个男子赶过来，举手敬礼说："报告主席，因为今天风大，变更到三码头上船。"一瞬间，让杨的警卫产生错觉，以为这个男子是杨的贴身人员，而杨误以为此男子是警卫们的安排，正当杨转身上台阶，准备上车的时候，这个男子突然拔出手枪，对杨连发三枪，然后迅速向南跑去。这时杨夫人已顾不了许多，抱住杨把他扶到车里，急促地说："快送同仁医院！"到医院后虽然进行了紧急救治，但最终因受致命伤而毙命。杨夫人随他的遗体到银行公会，在那里发表了去世新闻，其葬礼在武昌举行。事变前同仁医院治疗了很多中国要人，在对遭到枪杀的省主席进行抢救之后的第二年，同仁医院在武汉也落下了帷幕，因为事变的原因同仁医院的人员都撤回了日本本土。

在本文开头说一元路与日本人没有多少关系，但话头一拉开还是成了一个长篇（本文曾在报纸上分19回连载）。一元路虽然与日本人关系不大，但就在这样一条很短的横道上蕴藏着很多汉口的历史。民国六年正是第一次世界大战，中国与德国断交，第二年中国参战。在参战的这段时间，一元路也有些故事可说，留下这个话头，等今后有机会再述。

第十六章

正金职员失踪事件

过去汉口发生过很多事件，在本章里想讲的是"松永失踪事件"，这是在汉口日本侨民中难以忘记的一件事。从表面上看这只是一起日本人失踪案，但在其背后有着以湖北督军萧耀南为中心的政治斗争和连年排日所积累下来的轻侮日本人的深刻原因。最终导致到武昌郊外狩猎的日本人被杀害。事件发生以后，在日华间进行交涉，从湖北官界来看，对事件的调查并没有达到所预想的程度，一直采取似是而非、模棱两可的态度。事件的结果是日本人已被杀，最终受到损害的还是日本人。

这件事还要从汉口体协总会说起，笔者曾在 3 月 11 日的傍晚，出席了汉口体协总会的会议，当时，饭牟礼在会议上就体协今后的发展方向、体协的存在方式等进行了演讲，记得其中有体协将与时局俱进这样的意思。体协在机构设置上，一直有"狩猎部"这样一个部门，日本的狩猎者从狩猎部领取"狩猎记录本"后，就可凭此记录本进行单独狩猎，将所猎的猎物记入本中，狩猎部将根据狩猎者所猎取的猎物的数量进行奖励，其上报的猎物的数量全凭狩猎者们的绅士般的道德操守来确定。因为单独狩猎，狩猎部无法核实记录本上所记载的所获猎物的真实性。就在这一年的冬天，狩猎部的会员都加足马力开始狩猎竞赛之时，发生了松永失踪事件。受此事件影响，体协的狩猎部陷入不振之状，继之，取消了狩猎部。笔者记述此事基于两点考虑：其一，想述一下此事件与体协狩猎部 20 余年的关联。其二，想谈失败的教训，有人以通晓事发地情况的身份来到中国，实际上对中国的事情并不了解，最终只能站在日本人的角度来处理此事件，其结果当然可想而知。我这样讲既不是夸耀自己在汉口居住时间之长，也不是以中国通为资本，强行将自己的看法强加于人。在现今日华相提携、向建设东亚新秩序的方向迈进之际，没想到发生松永事件这件事，这样的不祥事件本来不应该发生。笔者相信将来不会再发生松永事件，但与松永事件相类似的、以不同面目出现的事件可能还会不断发生。基于此，做一些参考性的回顾。

在武汉共产党政府出现的前一年，顺应了很久以来的"鄂人治鄂"的呼声。黄冈籍的陆军大将，准确地说其肩章为陆军上将的炳武将军督办湖北军务并兼任湖北省长，萧耀南坐镇武昌，在此期间，中国人对日本人的抗拒情绪连年上升，这段时间，日本人在湖北有着非常不愉快的重压感，汉口本地的横滨正金商社的职员松永恒信就处在这样一个环境背景下。松永喜好体育运动，擅长网球、棒球、狩猎等多项体育技能，他有两个男孩，同妻子一家四口住在从日本租界铁路外的永清街到江汉中学之间的一个岔路口附近的由商社提供的宿舍里。那是一个有积雪的星期天的早晨，松永说："想出去打鸟。"平常外出妻子从不过问，唯有这一天反对说："这样的下雪天就不要出去了。"然而，松永并不在意，已穿上猎装，手提鸟铳准备出门，妻子还是固执地劝阻，并生气地不为他准备便当，想以此阻止丈夫外出；怎知松永并不以为然，索性不带便当，在外面随便对付一顿了事。

现今松永所住的商社宿舍已被青年团、防空壕占用。在此附近有一家叫做妻鹤的日本料理店，这家日本料理店位于中街和西小路所夹的一个地方，那天有人看到松永身着猎装、腰系皮带，在这家料理店的门前的一个位置上，温了一壶酒，要了饭团；进餐之后漫步向码头走去。估计松永在船码头雇了划子过江去了武昌，此后松永就再没有过江回来。六天之后，随搜索队回到汉口日本租界地的只有一条黑红色的常伴松永的爱犬。

在那时喜爱狩猎的日本侨民往远处走大约去大冶或藕池口，大多准备在外住宿；像松永这样独自一人出行，基本上都在武汉近郊，必定是当日赶回。如前述：在体协内设有狩猎部，因为在汉口的冬天不能开展网球、棒球体育项目，为此日本侨民的体育爱好者大多选择狩猎活动。在狩猎部得到"狩猎的记录本"后，每逢星期天就外出狩猎，以增加自己的狩猎成绩。狩猎竞赛的截止日期大约在当年的 3 月末，经审查后决定其狩猎的优胜者。自发生松永事件以后，热衷狩猎者都人心惶惶，由狩猎部所开展的狩猎竞赛也由此萧条起来。当时，松永离家外出猎鸟时，没准备在外住宿，一宿未归，妻子非常担心，向邻居讲了此事之后，都感觉到事情严重；于是正金商社的三名职员加上汉口日日新闻社的记者等，共计 8 人渡船过江到武昌寻找。狩猎者大致的行走途径是：从日本租界地的船码头过江到粤汉铁路的徐家棚车站，然后由此径直向东到青山一带狩猎；搜索者也大致沿着这样一条路径向东搜寻。搜索队第一天出发是上午 11 点多，到下午 3 点左右已到达二郎庙附近，此时，在老百姓的口中获得了一条线索。

这条线索的内容是：在此之前，看见有一个日本人模样的人拿着枪，向前面的村落走去，到了这个村落再询问，说是还在前面的村落。为此，再向前寻找。然而，此时冬天日短，太阳很快偏西，不可能继续再向前搜索。经搜索队里有位叫竹内的身材高大的正金商社的职员提议后，搜索队就这样只得到了一些似是而非的搜索线索，返回了汉口。在搜寻后的第二天《汉口日日新闻》以显著标题报道了在武昌北郊正金商社的职员松永恒信失踪去向不明的消息，在武汉的 2500 多日侨闻此讯，都深感震惊。世道虽说没有动乱，表面上呈现和平之状，但排日、侮日的不快事情屡屡发生。此时日侨们虽未说出口，但在心里都认为松永生还的可能性很小。最伤心的还是松永的妻子，她推测松永已被害不在人世。之后，很多侨民都加入了搜索的队伍，然而没有得到任何线索。如果松永永远不能回来，松永的妻子将深深为此而后悔，因为她那天早晨有些生气，既没有为丈夫像往常那样做便当，又没有很快地做早餐。因为她的心情不畅快，让松永在家的最后一餐饭吃得寡然无味，毋庸赘言，此乃终生之憾。

当在报纸上刊出此消息后，参加搜索的人数骤然增多，竟塞满一个小火轮。这其中不光有与松永有同样爱好的狩猎者，还有近邻、同僚和爱好打网球、棒球的其他的体育同好者。那个时候，不光日清会社有火轮，正金、三井、三菱等一些日本会社也都有小火轮；如果需要渡江可向这些会社借用。第二天搜索队从汉口过江到武昌，其搜索目标直奔二郎庙，之后一直在那一带搜索。这一天领警（领事馆的警卫）、日本刑警、华人巡捕也都参加了搜索，虽然动用了这样多的人力，仍一无所获。那一带的老百姓只是说“有一个牵着狗的日本人去了那边”或“去了这边”，其他一概不知。

第三天参加搜索的人数也很多，然而，令人奇怪的是中国方面也派出了很多巡捕，事后才知，这些巡捕都是前来监视日本人的，自从这些巡捕到来以后，本地的老百姓就不再和日本人搭话，谨慎其口。当第四天日本的搜索队到达二郎庙以后，情况与此之前完全不同，也就是说发生了很大的变化。当日本人的搜索队一进村口，在二楼茶馆观望的巡捕拿出警哨“嘀、嘀”一吹，紧接着其他地方也都接连不断地响起了警哨，很明显，这些巡捕在警戒日本人。

日本搜索队执意要查清松永失踪的真相，然而，在中国官宪的密切警戒之下，已切断了日本搜索队要打探消息的可能，日本搜索队已完全不能和当地的老百姓接触了。中国官宪之所以这样做就是不让搜索队发现松永的尸体。当地的老百姓都是农民，本身就有善于保全自己、不愿意多事的性格，这样搜索队就更难打探到消息。这时搜索队从一个小孩儿的口中了解到了一些情况。据小孩儿说：“日本人的尸体停在路边，还有一只大洋狗在旁使劲叫着。”据分析这具尸体肯定是松永，顺着小孩儿指出的方位前去寻找，结果是没有得到任何线索。那么，陪伴松永的狗又到哪里去了呢？多方搜索也没线索。如果这条狗一直陪伴主人身边，恐怕也有被杀掉的可能。这一天，所得到的消息仅仅是中国小孩儿的几句话，只能这样空手而归。此时，大家都认为松永已死，没有人认为松永还会活着。如果断定已死，死因是什么？不会因自己某种失误而死，肯定是被杀。为什么会被杀害？如果是由于对中国人进行了过失伤害，由此引起报复杀人的话，在中国方面必然会有所反应；这个被杀的理由不能成立。此后搜索队改变了搜索目的，将搜索的注意力集中在被杀的理由和尸体搜查上；于是对这一带的被新挖掘的让人起疑的土地进行了探查。第五天的搜索虽然没有结果，但在返回汉口的途中却意外地发现了陪伴松永的德国种的红毛猎犬。这条犬的主人原本是鸭川明治，那天鸭川也参加了搜索队，鸭川发现这条红毛猎犬后大声呼叫，然而，这条狗失去主人已六天，处于惊慌失措状态，很难带回汉口，即使见到原主人鸭川也慌忙逃窜，真正成了一条丧家之犬。大家决定不能让这条狗继续流浪，想尽办法，最后终于在汉口法租界对岸的下新河附近捉住了这条狗。

中国方面，自从发现伴随松永的猎犬之后非常紧张，不光是巡捕，就连学生对日本人也持警惕心态。当时无论是日本侨民，还是领警都想彻底查明松永被害真相，然而不能如愿。为此，敦请中国方面的新闻记者、通讯员调查此事。恰好此时出现吉福四郎这位侨民，他对中国政界有着敏锐的推断力，又擅长调查手段，于是吉福有效地展开了调查活动。经吉福调查大致明了松永被杀事件与武昌的政客及学生有很大关系。最早松永的尸体弃置在路旁，接着被埋在二郎庙村落附近的土中；此时由于猎犬不肯离去、加之日本人又加紧搜索，又将仅埋一天的尸体挖出，转移到其他的安全地带；虽然想方设法扑杀松永的猎犬，但未能实现，进而，由于日方发现了猎犬，又再一次地将尸体挖起，并命令挖尸人将松永的尸体抛入位于偏僻之处的东湖中；以上的调查结果完全是吉福之功劳。那么，接下来的调查思路，首先要找到抛尸的华人，经过多方打探后得知，抛尸的华人是住在忠孝门外的来自山东的两个穷苦人。如此一来，似乎看到了事件将要澄清的曙光；日本侨民搜索队都憋着一口气，如果日方得到松永的尸体，就可与武昌的督军公署进行交涉；就可以揭开中国官宪表面上协助调查，暗地里采取设置障碍的两面手法。为此，日方首先控制抛尸的两个山东男人，然后，打捞出松永的尸体，只有这样才能让松永事件浮出水面。

在南京太平路和延龄巷之间有一条叫做杨公井的小街，在事变前，在这里有一家被叫做国民戏院的电影院，现今还是电影院，但打着中喜剧院的招牌；现今经营中喜剧院的老板叫中山喜代造，在松永事件的那个时候，他住在汉口日本租界西小路和北小路相交的角上的一栋楼房里，现在这栋楼已成为牙科医院；当时中山氏为搜索松永起到了很大作用。经过多方调查，终于找到了抛尸的这两个华人，中山将这两个人从武昌带到汉口，隐匿在西小路的家里。当时此事做得极为秘密，就连参与搜索的日本侨民都不知道，为的是不让武昌督军方面插手。日方让抛尸人所做的工作是：找到抛尸的地点后，把用线连接的重锤抛入尸体的所在处，然后在重锤连线的水面上置软木浮标为记号；但这两个人有很大顾虑，不肯这样做。因为与日本人合作，按照日本人的要求并协助打捞尸体是有违官宪意志，将来万一被武昌的官宪探知，就会有生命危险。如果对这两个人没有一个万全之策，他们是不会配合行动的。

搜索工作在暗中进行，日方将经过乔装之后的领警、甚至交通巡捕都派往武昌进行探察。到此阶段，华人巡捕都已散尽，在日本搜索队的周围已没有华人巡捕。在搜索队只留下一名懂日语的年轻人，这个年轻人长期在中支那派遣队司令部的司令官官舍当差，司令官官舍取消以后，他当上了巡捕；当日本搜索队前去武昌搜索时，这个年轻人已化装成中国的老百姓在二郎庙一带活动；当搜索队经过他身边时他也佯装不知，经其巧妙的化装后，简直与老百姓无异，其化装术实在是令人叹服！在武昌暗中搜索的同时，如前所述，已将那两个抛尸的中国人秘密地转移到日本租界内，经过反复交谈和协商，终于达成以下协议：1)将两人送到武昌，在拂晓之前，在东湖湖面上完成抛尸地点的浮标设置工作。2)搜索队全部出动，在湖面上搜索，以偶然发现之状，将尸体打捞运回。3)尸体到手之后，给每位抛尸人1000圆钱，打发他们回山东老家躲避。

方案已经形成，关键是2000圆这一大笔资金无法筹措，吉福是浪人，而中山那时的财产只有一家只聘用两名店员的小和服店，其他侨民也都各有各的困难。为此，只能以秘密的形式，与正金商社协商，希望能得到资金上的资助。吉福当时与一位有一定年纪、担当总务的H进行了协商，怎知H对浪人们的行动满腹狐疑，H不了解中国情况，当然对有本地生活经验者的提议自然不会放在心上。H的想法很简单：这两个华人已有不端行为，如果告官，这两个人自然知道其后果。这两人现今能在日本人手里，是他们的幸运。应加严厉对待，完全不必给一大笔够终生养老的资金回山东享福。吉福的考虑是：在两位华人协助下，事件就会有结果，此事终于可告一段落。然而，如果这两个知情人处理不好，又会惹起事端，既然帮助过日本人就不能见死不救，总之他们不能在武汉住下去。只有对这两个人有一个妥善的安排，整个方案才算合理。吉福极力向H游说自己的想法，然而，H的想法很简单：既然已发现了松永的尸体，捞出来就是了，不必那样麻烦。此时，吉福已控制不住自己的情绪，怒气冲天地说："松永是你们正金的职员，我们的调查尽管不是完全为了你们正金商社，但此事件与你们正金是有关系的！你们有推却不了的责任！"吉福激愤讲完后，又回到中山住的地方。吉福打算再求一下在三井商社工作的相良，拜托他先垫付一下资金，等松永的尸体捞出来之后，再把所需的费用记在正金的账上。为此，吉福和寺庙的和尚联系，安排尸体捞出之后的存放问题。

事情进展本来就不顺利，没想到不顺接着不顺，当吉福满怀希望去找朋友相良时，非常不凑巧，相良出差，不在三井商社。计划还准备在秘密中进行，吉福尽管没有钱，还要每天提供两个华人的饮食、香烟的费用。吉福非常后悔，悔不该当初没有稍许扩大秘密范围，致使现今能够参与帮忙的人很少，对此虽然感到遗憾，但事已至此已没有别的办法。

现今尸体打捞的步骤虽已就绪，因为缺少那笔资金，计划还没有付诸实施。时间一长，两个华人也起了疑心，两人的本意是为了协助日本人工作，但日本人把他们从家里拉出来，隐匿到日本租界内的日本人家里，这种状况简直与对待俘虏无异，下一步日本人还有什么行动，他们并不知晓，为此，对此很担心，并且其疑心日益加重。估计他们这样想：如果能得到一笔钱，帮助日本人还值得，然而至今分文未得，还遭此境遇，非常不划算。中山与中国人在一起生活过很长时间，并在几年前，作为汉语翻译在海军的军舰上服役，多次往返于长江中游和上游之间。因此说，中山的中国话决不在吉福之下，可能也正因为如此，有些话不慎说过了头。两个华人经常和中喜（两个华人把中山叫中喜）拉家常、套话，而中喜又不能说没钱，只能含混搪塞。

有一天，中山从外面回来，发现两个山东人已不在家里，急忙向日本和服店的店员询问，得到的回答是："好像是出了门，不知去了哪里。"中山在周围打探、寻找也没有结果。中山一直担心的事情终于发生了。很可能是两个华人对日本人的许诺起疑，趁中山外出之隙，逃出日本人的住宅。去到武昌他们住过的家里寻找也无结果，在他们住的地方等了好几天，也未见回转。还有一种可能就是，武昌的官宪已发觉了我们的计划，在暗中监视这两个山东人，并寻机进行了处置。

就这样费尽辛苦所制定的尸体打捞计划，最后无果而终，对此大家都感到非常遗憾。回想起来，就因为 2000 圆钱未能到位，而致使此事件最终未能彻底查清。事后侨民们愤愤地说：当时正金的 H 若能对中国事情有所了解，最终也不会是这样一个结果。这件事情已过去了 20 年，每当雪夜到来，似乎都能听到松永的啾啾鬼哭。松永的妻子已上了年纪，两个遗子已长大成人，想必已活跃在大东亚的战场上。此后，老汉口的日本侨民再无人知晓松永家属的情况。

第十七章

中山路的变迁史

第一节

“百川归海”的中山路[①]

位于城市中心地带的商家的变迁，实在是目不暇接。昨天是和服店，今天是水果行，而明天又变成了杂货屋；这无论在哪座热闹城市的城区都大致如此。汉口街道在随其商业兴盛与否的变化的同时，其街道所处的地位也随之发生变化。笔者刚来汉口时，说起汉口的中心街道仅仅是现今的花楼街，其次就是黄陂街。现今的江汉路是汉口的中国街与租界地接壤地带，由此展现出异样的繁华。自日本大正八年(1919 年)起，中山路才渐次繁华起来。然而自昭和初年(1925 年)以后，中山路已不再是最繁华的路段，中山路像如今这样热闹，大约是自 1929、1930 年前后始。

为什么中山路能成为汉口第一条大道，大概有这样几个原因：模范区快速发展，撤去原来隔开模范区与英租界的铁栅栏；中山路以北的街道向北扩展，随着三民路和民生路开通，行人和交通工具由纵向道路向中山路汇集；还有一个原因是统一街附近发展起来，出入花楼街的人流，都诱导到中山路一侧；致使中山路成为现今汉口最繁华的街道。直到 1926 年，中山路还叫后城路，若按字面意思来理解，这条路应是靠近汉口的城墙地带。大约是在光绪三十一年，拆去汉口城墙；这大约是距今 40 多年前的事情。当时锐意城市建设的湖广总督张之洞拆去汉口城墙之后，在此城墙遗迹上建起了后城马路，因这条马路建在城墙遗迹之上，在马路两侧很长时间都没有像样的建筑物。城内的道路与此路也不相连接，笔者想起在辛亥革命后不久，走在后城马路上的感觉，与现今中山路的热闹氛围相比较，不禁感叹变化之大。

5 月 19 日的早晨，我从汉阳的月湖街起步，贴铁厂边，过汉水，径直来到武圣庙码头；在那里有一家车行，我掏出 20 钱，说去六渡桥，车夫爽快地一声“好”，拉

---

① 本章标题均为译者所加。

起车就上了路。如果按照过去顺腿的路线，应是穿汉正街，到大夹街，然后一条直线地到巴士营业所的地方；然而19日的这天早晨，并没有走过去所习惯的老路，而是从堤街的上首穿过，到孔子庙附近，再沿中山路一个劲儿地往前跑，一直来到三民路的路口。这时我才发现：中山路上的很多车都是转弯抹角来到这里的，然后由此中转到要去的地方。至少硚口以东所有小街的出行者，如果要到交通路以东地方的话，大体上都要来到中山路；这情况似乎应了中国“百川归海”的这句老话。中山路上熙熙攘攘的人流，大致由此形成。我这篇有关中山路的随笔文章，就是从观音阁到三民路的车上沿路观感而构思出来的。

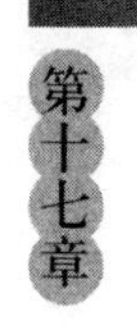

第二节 中山路上的大游乐场

民国十四五年这个时期，中山路上的建筑物看上去还很不错，至今在民生路口一带，还有高厦耸立。然而在20多年前，现今的交通路还未开拓，在花月堂、多田洋行一带，都是一些低矮的二层楼房；再往前走，到森田洋行、三宝堂附近，都是一些低矮的平常屋。辛亥革命的战火，差不多将汉口中国街的楼房全部烧毁，战后的应急性的复兴建设之景随处可见，就在这些复兴建筑物建起来之后的五六年，由于第一次欧洲大战所带来的经济景气，在汉口又新建了很多楼房；黄陂街、花楼街一带的建筑大部分都在此时进行了改造或重建。当时的中山路如前所述，仅仅是道路被拓宽，还未形成一流的繁华街，道路两侧的建筑还尚未改建。在现今的伊藤号附近和海东洋行附近还保留很多30多年前的房屋。

直到大正六年(1917年)汉口还没有高耸的建筑物，娱乐方面也很欠乏，经常营业的电影院只有一家，还没有新式的剧院。那时，有闲散资金的大军阀和实业家曾议论过：在汉口也应建设一座类似于上海大世界那样的综合娱乐场所。于是选择了一块面向后城马路的空地，在此建设了现今的新市场。这座综合娱乐设施在1918年正月(阴历)落成，此时正值由欧洲大战所带来的最景气的时光。

新市场为钢筋水泥的三层建筑，中间为六层，并设置了电梯。这里汇集了新剧、传统剧、电影、戏法、魔术、曲艺等各种娱乐节目。其入场费为24枚铜钱(银18仙[①])，观光者进入其中，可根据自己的兴趣随意观看。如果饿了可来一碗米粉(每碗2分银)，如果有钱在场内还可到各种高级菜馆进餐。新市场落成以后，不仅吸引了住在汉口的市民；汉口周边的乡下人，也都以能逛汉口新市场为荣；若逛后回乡，将成为最吸引人的谈资。当时人们手头好像都很宽裕，乡下的民众来到汉口后，必定要花上一天的时间，在新市场度过。人们口口相传，致使新市

① 仙：西洋货币单位，1仙＝墨银1$的1/100，“1仙”在此译为“1分”，银18仙＝18分。

场无论何时都游客爆满。一些杂技团体借用此场地进行演出也非常受欢迎。在开业当初，不光是中国人前来新市场游玩，也有很多外国人进入其中；游客们在此处不仅为了娱乐，也为了享受美食。在当时，物价稳定，新市场的菜馆、饭庄更以物美价廉吸引顾客。新市场的客饭，中国料理 30 分一份，西洋料理 60 分一份。如果在售票口选定中、西客饭中的一种，则免收 24 枚铜钱的入场费。游客们为了节约进食时间，留出时间娱乐，大多选择客饭。现今花 60 钱很难吃上高级饭菜，而在当时五盘菜，再加上酒水也就是 60 钱[①]。估计是经营者为了大娱乐场繁荣，而采取的让利直销的经营策略。在此处经营中国料理的是当时在汉口最有名的翼江楼饭庄的分店。

平井全八和小紫

当时市民生活非常松散、随意，夏日在新市场的屋顶花园上放映的午夜电影一直持续到凌晨 4 点钟，在此之后，有些年轻人还意犹未尽，还要看一会“西洋

① 60 钱：根据前后文理，此处应该是 60 钱，原文是 60 仙（60 分），估计是误植。

镜”[①]。如果是日本片儿，基本上是平井全八和小紫[②]的恋情故事，拉完片儿之后，照例放送四五张春画，年轻人一边看着，一边高声谈笑。这就是民国十三四年的新市场屋顶花园上的情景。警察厅对新市场这一游乐场所视而不见，对其卫生环境、风俗风纪听之任之。

第三节
新市场游乐场的变迁

1926年9月1日，蒋介石的北伐军进入汉口。武昌城在围困40天之后陷落。汉口在此期间加强政治工作，由邓演达所率领的总政治部在新市场游乐场设置了“血花剧社”，借艺术力量宣传政党的主义和主张。北伐军政治部认为：此游乐场为军阀出资所建，为此，应该没收；并将此游乐场归汉口市教育局管辖，改为民众游乐场。实际上邓演达利用剧场向大众培植共产主义思想。当时蒋介石在南昌，为剧社题写了“血花剧社”四个字寄来。在此之后，新市场游乐场改称为中央人民俱乐部。没有创立者管理的游乐场改变了原来的游乐性质，在此聚集了很多手艺人。其后，又交由汉口市党部管理，去掉中央两字，改为武汉人民俱乐部；并设由五名委员组成的管理委员会。之后，由于内部意见不统一，增加了由21名委员参加管理的管理委员会。然而，俱乐部的运转仍不理想，在民国十八九年(1929—1930年)的时候，蒋介石来到汉口，对俱乐部进行了大改革；给了靠此俱乐部吃饭的管理人员三个月的津贴之后，就此解散。南京政府成立后，俱乐部的运营仍不乐观，垃圾遍地，卫生环境极差。自昭和四五年(1929—1930年)以后，这个俱乐部成了卖淫女拉客的场所。

1927年4月3日这一天，在汉口的日本侨民恐怕都不会忘记，这一天发生了“四三事件”，武汉的共党政府在血花剧社催生了裸体舞蹈[③]。共产主义领导者当时为了消除羞耻心，竟鼓动妇女协会上街裸体游行，既然可以裸体游行，在剧场内跳裸体舞蹈也不能说是有伤风化。还有一个插曲：当时出于好奇，也有一些年轻的日本侨民进入新市场观看，此时突然听说共产主义者发动暴动，夺回日本租界地，这些年轻侨民再也无心观看裸舞，急忙鸟兽散般地逃命。

如上所述，市场的招牌进行了各种变换，不过从现今来看，在武汉无论是中

---

① 西洋镜：日语叫“覗き眼鏡”，游乐场所的小节目之一。在长方形匣中放入若干画片依次转动，让观客用准备好的眼镜窥看的装置。在日本流行于江户中期，一直持续到昭和初年。

② 平井全八和小紫：平井全八是江户初年的武士，与青楼女子小紫相识后，苦于无钱而谋财杀人，被判死刑以后，他的相好小紫随之殉情和他葬在一起。

③ 关于“四三事件”请参看37页脚注。本句话和下面的一些文字都是作者站在仇视共产党的立场上所发表的诬蔑言论。

国人还是日本侨民，仍对原来的新市场的招牌印象最深。事变以后，在池田龙兵站的许可下，又开始商业表演活动，此时将招牌改为“支那剧场新市场”。现今在中山路上有很多三层楼以上的高厦，新市场可以说是这些高厦中最早的建筑物。

第四节
汉口景点“天一阁”

翻开古旧的汉口导游书，可看到一幢耸立在水边的建筑物，似乎还可看见“天一阁”的字样；在此阁周围，民宅、美池环绕，的确能让人感到一些景点的风致。然而，现今的汉口人似乎已无人来访这幢汉口昔日的景点，因为现今这个地方已沦为腐朽不堪之陋巷，其建筑物的一部分被一所小学所用；过去的美池已被填埋，全然没有过去的风貌。天一阁的具体的位置在中山路厚生里内侧，在近处看，是一幢板壁早已古旧的三层八角飞檐的建筑。就这样一幢毫无风致可言的、又不是什么古迹的建筑，为什么能称得上是景点，现今的汉口人确实知道得不多。估计称其为景点的缘由可能是这样的：前面已述过，以前，在这附近没有像样的房屋，当时中山路还没有被建设起来，在这样一个周围环境下，天一阁大约以高出周围房屋两层的高度耸立一方；加之，天一阁临池，池有铁栏，池中有东岳行宫，旁边还有关圣庙，庙后种植了很多乔木，另外还设置了客厅，由此形成了景点的模样。

说起为什么要营造天一阁这样的建筑，主要是因为当时在汉口经常发生祝融之灾，阴阳家取“天一生水”之意，建此楼阁就是为了镇压当时汉口的火灾。现今，当时的客厅已成为了市立小学，池塘被填埋之后成为巷道，在关圣庙的墙壁上还依稀可见记载着往昔事情的文字，从天一阁破败的整体状况来看，已到了苟延残喘、一息尚存的地步。大概同晴川阁的情况一样，不知在哪一天悄无声息地倒下，结束了此景点的一生。其实倒掉也没什么不好，因为原本就是不能称其为景点的景点。

第五节
南京政府建立以后的中山路

在辛亥革命时，中山路的宽度与现今没有太大的差异。那时三民路、民权路、民族路、民生路，还有府东各路还都没有施工，模范区也没有建设；也就是说：在汉口除码头外，再也没有像中山路那样的宽路。那时中山路的商业还不繁华，只有宽阔的道路还称得上是一道景观。

南京政府成立以后，在中国各省所建设起来的大道几乎都以中山来命名，汉口也如此，将后城马路改为中山路；这大概是距今 17 年前的事。当时似乎是南京政府的方针，凡有大路都改为中山路，凡有大的公园都叫中山公园。此外，次于中山路的街名叫中正路（蒋介石以中正为号），这自然是蒋介石所提倡。后城马路这个街名已渗入民间，市民对这个老街名有感情，致使在改为中山路之后的十几年，直到现今，仍有一些汉口的老人，还仍把中山路叫做后城马路，当然后来的人也就按现街名称呼了。事变以后，日本人增加，新来的人几乎没人叫后城马路了。

民国七年春，新市场落成，翌年在新市场旁，耸立起了南洋烟草公司的大厦。在其对面原本都是蔬菜地，也逐渐开始被城市蚕食，成为了城市的一部分。终于发展成为现今这样的大厦栉比的汉口的主要大路。在 20 多年前，汉口周边的乡下人，若来汉口必然要到中山路来观光一下，想在这条路上走一走、看一看，这个愿望远比汉口的本地人强烈。乡下人觉得如果能在临街的茶馆上坐下来，一边观赏街景，一边喝着苦茶，乃是最为惬意的娱乐活动。当时的那种心情可能不会被现今的汉口人和现今的乡下人所理解。当时汉口的大道、大厦几乎都集中在租界内，然而乡下来的人并不愿意到那里，因为那里的巡警对外来逛街的中国人太苛责、规矩太多。有很多不允许逛街的规矩，例如：穿戴不整齐的、有碍观瞻的、挑担的、行走贩卖的……乡下人进入租界地提心吊胆，不可能有一个轻松的心态逛街。为此，乡下人都到后城马路来，在这里可以轻松逛街，如果时间宽裕还可在临街的茶馆里品茶。因为这里环境宽松，进而集中了人气，渐渐成为繁华、热闹的场所。自现今的三民路口附近往上一带的空地上，有很长时间都是民间艺人的卖艺的场所，在这一带形成了特有的娱乐氛围。在帐篷里摆上六七条长凳，客人们在这里可以一边休息，一边听书。说书的内容大多是《水浒传》、《三国志》等，帐篷里一般都有两个人，一人说书（类似于日本的“讲谈”），另一人在适当的时候向坐在凳子上的客人收铜钱，拿出两枚铜钱，可以坐在那里慢慢地听上半天，除说书的之外，玩杂技的也很有人气，一年四季都能吸引客人。从乡下来的人，还有汉口的一些闲散之人，都喜欢到后城马路来，在这里休息娱乐。

自民国十八九年起，汉口的有闲阶层的居住地方也发生了变化，如同后城马路改称中山路一样，马路艺人的卖艺场也逐渐被市民住宅地所占用，为此，马路艺人们将卖艺地点转向大智门车站和老大智门之间的空地上，在此地最多时支起了 40 多顶帐篷，在帐篷里都是各色的卖艺表演。此后，这一带也被禁止，艺人们又转向华景街后面的地带。自事变的前几年起，在这里也不稳定，前不久，艺人们纷纷各自寻找卖艺的地点。原本作为汉口景点的后城马路随着社会的变化，渐渐失去了作为景点的价值。一些有名的马路艺人在社会的变化中渐渐有些落伍，不适合市民的口味。市民开始将娱乐兴趣转移到电影、戏剧上来，特别是在汉口本地能很容易地观赏到作为地方戏的楚剧，此时，马路艺人生活开始难以为继。

漫步在现今的中山路上，只能看到来往的行人，已没有了往昔的面影。在事变以后，在街上出现了擦皮鞋的小孩儿和小孩儿的尖声揽客声，给人一种生活的压迫感。现今中山路可以称得上繁华，对熟知过去的人来说，望着行人如织的道路，禁不住让人感到一丝寂寥。

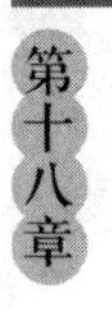

第十八章

武汉大学的沿革

近来，到武昌览胜的路线大致是在城内观光之后，径直出宾阳门，到城外游长春观，看宝通寺的塔，然后坐车，一口气跑上七八华里，来到卓刀泉，在此访关羽遗迹。在昭和六年(1931 年)前后，在武昌又出现了一处游览胜地，这就是位于卓刀泉和宝通寺之间的武汉大学。

在武汉大学建设之前，那里是一片荒凉的丘陵地带，一般没有人来到这里，到了冬季，只有零星的日本人到此处猎兔、猎雉(野鸡)。此外，大概还有自称为美食家的人来到这片丘陵地带下面的东湖，他们出上四五十文铜钱，雇船到东湖里撒网，打上据说只有武汉地区才有的比其他地方都鲜美的鲫鱼，然后在湖滨，将打上来的新鲜鲫鱼用芝麻油烹制，以此为肴，在寒风中喝上几杯。

在武汉大学建设以前，这一带杂草丛生，只有在丘陵的山脚下，才有一些灌木。现今所见的珞珈山已出现了整片的枝叶繁茂的绿化地带。武汉地区的丘陵绿化起始于蒋介石所提倡的新生活运动，武汉政府将清明节定为植树节，利用扫墓的时机，绿化环境。每到清明时节，政府动员官厅、学生参加植树活动。在植树地点的洪山附近和蛇山一带，现今都已树木繁茂。在着手建设武汉大学的那个时候，那片地方还不叫珞珈山，而叫罗家山。在建设大学校园的同时，在校园的东面建起了教授住宅，在住宅的下首，还建了一所教育教授子女的大学教授村小学校。因为小学校的老师也需要住房，最终小学老师的住宅选址在光秃朝阳的山上，这样一来，到了夏季，住房就更加炎热难耐。为了挡住强烈的阳光、增加阴凉，住民选择了生长迅速的洋槐树，这就是现今在游览汽车里能看到的高大乔木。

当大学教授村建成以后，在那一带形成了住宅区，但还没有百姓的住宅。第十三军军长夏斗寅率先在那里建了一栋黑瓦的别墅，此乃珞珈山别墅之滥觞。夏将军在其别墅周围移种了金合欢等很多乔木，每到五六月份就能闻到花香。当很多名士的住宅出现在城外的东郊之后，随之省会的警察们也考虑起治安的问题，担心土匪会绑架教授当人质勒索财物；在当时的武昌什么事情都有可能发生。为预防万一，为武汉大学设置了专属警察，并配备了 150 名巡捕担任教授村和大学校园的治安保卫工作。但这个治安维持费用的归属就成为了问题，国立大学不但不能负担治安维持费用，而且由于在省会开拓出了这一处名胜，又随之增加了警卫的负担。武汉大学虽说是国立，但这所大学的建筑费用都是由湖北的商民承担，当然，上述的治安维持费最终也落到了湖北商民的头上。有了治安维持，接通了电力，连接了水道，这里俨然成为了一个文化区域，以这个文化区域为中心，又逐渐增加了理发、餐饮等各色附属设施和相当于我国的"消费组合"的"合作组合"。这个合作组合是珞珈山下最早的附属建筑。我们到武汉大学游览时，就是在这个消费组合里休息、吃午饭。

民国二十一年，学生移居到武汉大学的新校舍，当时还没有像现今这样多的建筑，校园的北侧是图书馆、讲堂，由此向东是理工科教学楼，理工科教学楼的下方还有一栋建筑，都是四层楼；在其后的一层的建筑是学生宿舍，再其后的建筑是女生宿舍。西面的食堂，大约在一年之后建成。学生们移居之后，在其宿舍的门口都标上门牌，门牌上的"天地玄黄"来自千字文。自国立大学在罗家山建立以后，罗家山这一山名就显得格外土气，为此，考虑将罗家山改名为更有诗意名字。在湖北因为"罗"与"珞"、"家"与"珈"发音相同，由此，改名为现今"珞珈山"这一富有韵味的名字。

在治安确保以后，青年男女学生在学课闲暇之时，结伴到附近丘陵处游玩；其浪漫出游，引发了市民们的闲情逸致，游览大学成为当时市民的时髦语言。每到星期天，这里游人如织。促进游览大学人数增多的原因，当然还与湖北省内交通发达便利有关，我们前去武汉大学游览的出行路线是：花 3 钱坐轮渡，从汉口的海关码头到黄鹤楼下的汉阳门，然后花上 8～10 钱的车费，从汉阳门到东厂口，从东厂口到大学有运营巴士，车费是 25 钱。一年以后，从东厂口到大学间的车费就减到了 20 钱。也就是说花上 70 钱，就可从汉口到大学郊游一趟。其后，为了方便来自汉口的顾客，从汉阳门直接就可以坐巴士到大学了。为此，星期天来武汉大学的游玩者的人数超过了在校的学生数，学生与游人相反，大多利用休息日外出逛街、购物。

大学建成两年之后，在校园的一个山谷间开辟出了一片运动场，整个校园差不多都建在山的中腹部的高处，在低洼的谷地进行竞技，不需要人工性地建造观看比赛用的看台。因为所选择的地点为大自然赐予的天然竞技场。在这个运动场完成之后，一直为理工科教授所头痛的瓦斯罐也得到了解决，学生上课也用上了瓦斯。这样作为学校的要件都已配套完成。又过几年之后，在与竞技场相隔的东南方向的高岗地带，扩张增建了工学院的教学楼。这就是现今所能见到的美轮美奂的气势恢宏的青色琉璃瓦顶的建筑。在大学建筑逐渐完善的同时，在大学周围聚集了很多住宅和商家。在距今 20 多年前，笔者曾来到这一带猎鸟，回想起往昔荒山秃岭的情形，再看到眼前的巨大变化，不能不让人发出由衷的感慨。近年来，大学这一带，已形成了别墅群落。支那银行在此处大量购进土地，成为土地紧张的根蒂。自昭和十一年(1936 年)起到事变后我们被遣返,在武汉地区一直进行架设武汉长江大铁桥的地点调查,并进行了地质钻探。连接京汉铁路、粤汉铁路的大铁桥将来很可能会实现。到那时,在汉口的日本人、中国人都极其自然会想到在洪山或珞珈山买一块地建别墅。有钱人也会像支那银行那样,吃进地产放置起来。本来是谈大学名胜,在话题里不知不觉就加入了"铜臭",这可能是名胜总和铜臭关联在一起的原因。在此,暂且打住有关这一带价值利用的话题,如果有人想对武汉的将来作进一步了解,那么,我来推荐一篇前不久在《新武汉》上连载的以"10 年后的武汉"为题的论文,请读者们精读之后展开想象吧!

大约在明治三十几年(1897 年前后),在武昌建起了方言学堂,当时有很多日本教授在此执教,然而,这个学堂与清朝共同结束。又于民国二年(1913 年),在其原址上建立了国立武昌高等师范学校,民国十二年改为国立师范大学,翌年又改为武昌大学。民国十五年秋,蒋介石的北伐军围困武昌,陈家谟、刘玉春两师凭城据守,北伐军经四十日激战拿下了武昌城。在战火中,武昌城内的教育机关都已停课。武昌开城后,出现了共产赤色政府,在学校关闭一个阶段之后,在第一次汉宁会战时,再开武昌大学,并与武昌商科大学、医科大学及其他一些私立大学合并后,成立了综合大学。那时,在北方还有张作霖在北京固守,蒋介石的北伐军无暇顾及教育,学校徒有国立之名,凡是国立学校都难以为继而停课。然而武昌乃以华中教育之府而著称,如果国民党在武昌不能使大学再开,乃是极不名誉之事。于是民国十七年(1928 年)改组以后,成立武汉大学,并以此名代替原来的武昌大学。民国二十一年搬到现在的校舍。武汉大学成立以后,对教授提供优厚的待遇,大约每月有 400~500 圆的薪俸。在满洲事变后的翌年,有各种名义的救国筹款,教授们的工资大约只能拿到规定数目的一半。某教授对笔者谈起了此事,教授们对时局充满了怨恨,进而也迁怒于日本人。日本人拿着介绍信到武汉大学想见这里的某位教授,然而这位教授拒绝与日本人见面,而是通过其他教授出面联络,出面联络的第三者在说明某教授休息不便会客的同时,并表明可为来客代转来意。显然这是讨厌日本人所想出的办法。但这位教授事后说:我不想被人误会与敌国人交好,(当时把日本人叫敌国人)并请日方理解,总之对日本人还是小心周到。与此相对,武汉大学的教授们对中国官员则摆出相当大的学者架子,武汉大学的校舍落成之后,蒋介石前来参观,照例要留下"中正"署名的墨迹,然而没有谁想看到蒋介石的字,据说教授们在背后说:"如果留下蒋那个家伙写的字,就玷污了这所大学!"武汉大学好像没有蒋介石的墨迹,事变开始后,情况如何就不知晓了。

武汉大学的学科设置有:文学院(中国文学系、外国文学系、哲学·教育学系、史学系),法学院(法律系、政治学系、经济学系、经济研究所),理学院(数学系、物理学系、化学系、生物学系），工学院（土木工学系、机械工程系、土木工程研究所）。在事变中可能又增加了一些学科和专业。当时共有学生 600 名，男女同在一起学习，女生宿舍另在别处。学生和教授可在学术杂志上发表学术观点，当时武汉大学有以四六型开本 4 号活字印刷的非常精美的《社会科学季刊》、《文哲季刊》、《理科季刊》等季刊杂志。

第十九章

武汉之脐——下新河

在武昌城外的下首处有几家纺织厂面江而建，从汉口方向来看这几栋建筑，正在汉口特三区正金银行的对面，沿江的护岸工程在此附近断开。大约有百米左右宽的河道，或曰河沟，其河面、河底大约都保持此宽度地由江岸呈半圆形向江里延伸了400多米。中国人将这条像沟一样的深入长江的河流叫做下新河，这一带直到现今也仍以下新河为地名。这条河一眼看上去就有人工开凿的痕迹，乃是人工挖成的江湾。在大正七年(1918年)笔者来汉口时，正值长江的枯水季节，然而仍有水流流入长江；并看见有民船驶入下新河这个江湾。其后，这条河不断有泥沙淤积在河底，像今年这样的长江水位不是很高的情况，再没有船驶入这个江湾停泊了。

至于为什么开凿下新河，还有下新河在何时开凿，这些都没有准确的记载和说法。据推测开凿下新河与汉江有关，大量的汉水进入长江，在汉水的涌动之下，影响了长江的主流；长江的主流在压向黄鹤楼一侧后，自黄鹤楼以下形成激流，致使武昌一侧的民船停泊非常困难。为了使民船有稳定、安全的停泊地，就需要开凿供停泊用的江湾。最初在城外的沿江地段曾开凿过一个新河，这个新河在很久以前，就已经被淤积、掩埋在荒草之中。估计在新河开凿后，还是不能满足泊船的需要，为此，在新河的下面又挖了一条河，叫下新河，以此与新河相区别。下新河的开挖时间，可能是在晚清的时候。这些推断都没有文献可考，笔者仅根据一些民间散闻，勾勒出此面目。可以想象，自从有了新河和下新河，极大地提高了民船停泊的安全性。不管狂风如何劲吹，也不管河伯如何发怒，有此江湾，便可安然无恙。然而，事物总有两面性，在给民船停泊带来稳定的同时，也由于江湾的位置局促和民船的建船材料的易燃性，亦给停泊的民船带来了极大的灾祸。

据史料记载：在道光二十九年(1849年)，那一年是己酉年。停泊在新河河道内的船舶发生了大火。开凿新河主要是有钱的盐商所为，开凿此江湾也是为了商业利益。当时盐商倚仗有钱，便穷奢极欲；招此大火奇灾，世间很少有人同情。

现以《思益堂诗抄》[①]为本，再现对此事的记录：

湖北武昌省城外之塘角，俗曰新河者大火。新河者，因省城与汉口对岸，江流经黄鹄矶，水奔驶无泊处，因于塘角开一河，水曲而回旋，用以舣舟绵亘约十里，尤以两淮盐船屯泊最广。是时，适有大艑峨峨者四百二十艘，互相牵系，余外又系艘六百余只，十九皆估客船，间或杂有官舫，首尾联络，势若蛇蟠，所此绝风涛，避寇贼也。

岁十一月十九日，入夜，舟人醉饱者、劳役者皆安寝矣。突有一大船中盐丁，摊一灯吸鸦片膏，一火倏腾，渐延及格、什物船篷，以至于焚樯竿。俄而火烛长川，船人竞起，理篙，杙者；窜逸者，皆自梦魂中，迷骇昏乱不知所之。而又千船固结，仓卒不可割分。上流火势剧烈，炎炎若飞砲；下流风逆，即解缆亦不得出。船塞江路，舟中兄弟、夫妻、儿女皆忍死相觅，声呼嗓，渐至听闻皆迷。但见风声火声交互歛欻，人皆惊投如羊豕，自窜水火。有上跃如猿，跃起仍堕水火者；有逃入水，水沸至糜其肢体者。有一妇新产，未裹裳裤，母子互跳掷，相抱焚死者。有一船逃对岸将停，而轮回风迫入火中，十口无一存者。是夜火发，烧及次日辰末止。浮脂幂江波，腥臭不可闻。灾后无棺可殓骸，只以一席裹一尸，至数千具，诚浩劫也！

在现今，这样的灾难已成为了历史，自从有了火轮船以后，像新河这样的江湾泊船设施，大半失去了利用价值。进而，由于铁道铺设、大火轮投入营运，早年间，那些航行在长江上的盐船已没有存在的必要，在武昌仅有一些停船的码头，城市的繁荣渐次已转向汉口，今日的下新河已作为武汉之“脐”，面对着武汉的商人，述说着：在近代航运业未发达之前，武汉的很多商人就是通过驶入下新河的船舶获得了巨大的利益；这种情况如同婴儿未完全发育之前，通过脐带吸取母体营养情况一样。世道变迁、物转星移，汉口已成为了近代的都市；早年作为航运停泊的下新河随其航运设施价值的失去，当然任其杂草丛生；最终仅留下作为武汉之脐的疤痕。

事变以后，下新河一带并不是没有作为要地而复苏的可能。前不久，汉口某报社征集“十年后的武汉”的论文，其中有位名叫中街老人的作者，就下新河附近的再生利用进行了规划和设想：“海军（中国方）与陆军相比，其规模甚小，在现今若没有日本海军的援助，确保我水路上的安全近似于不可能。长江舰队初进海洋训练未必能适应，为此，将下新河作为海军训练基地最为合适，可将海军司令部设在下新河，将小型舰船分派到长江水系各地执勤……”

10 年以后，下新河或许会成为中国海军根据地；作为避风港的武昌上游的鲇

---

① 根据日文译成汉语后，又核对了清朝周自庵《思益堂诗抄·哀塘角行》。

鱼套，或许具有停泊价值，但在长江的枯水期，鲇鱼套水深太浅，比较起来，还是下新河具有良港价值。

（终稿）

翻译后记

本书尚未出版，有些知情的朋友就开始询问：之前湖北某出版社已出版了《武汉巷史》（以下简称“湖北版巷史”），武汉出版社为何还要译介此书？说来情况大体是这样的：多年前，武汉出版社酝酿出版一套大型历史文献丛书《武汉文库》，其中设“日译文献辑”。笔者大约在2009年接受翻译《武汉巷史》的任务，2010年完成此书译稿。由于“日译文献辑”统稿等原因，本书一直未能按计划出版。

本书虽然晚出版，但若追其身世还与“湖北版巷史”有关联，即：“湖北版巷史”的译者，在其译作出版前还担任过本书译稿的审稿工作。或许由于这个关联，后来发现“湖北版巷史”与本书的原译稿有类同的现象。面对这个情况，武汉出版社领导要求，以更加认真的态度，精益求精地把本书译好出好。其后笔者在尊重原文的基础上对原译稿进行了大幅修改，出版社编辑以深厚的武汉地方史方面的知识对内容逐字审查，并对原译稿进行了多次校订。我们之所以这样做，其目的只有一个，那就是尽量突出本书的特色，向读者传递更准确的史料信息。

武德庆

2014年4月4日